Eine Art zu lesen
Eine Art zu fliegen

GOYA

Das Buch

Ironisch, gefühlvoll, pointiert und melancholisch zeigen sich die Prosatexte und Gedichte des vielseitigen Publizisten der Weimarer Republik. Die abwechslungsreiche Zusammenstellung beleuchtet das umfassende Werk des großen Schriftstellers. So lernt man ihn als Theobald Tiger, Peter Panter, Ignaz Wrobel, Kaspar Hauser oder eben als Kurt Tucholsky kennen. Kurt Tucholskys Texte zeichnen sich durch die schillernde Vielseitigkeit, durch ihre raffinierte Schlichtheit und durch ihre komplexen, poetischen Formen aus. Begleitet von den fantastischen Illustrationen der vielfach ausgezeichneten Stefanie Harjes wird das Buch zu einem besonderen Genuss.

Der Autor

Kurt Tucholsky, am 09.01.1890 in Berlin geboren, war Mitherausgeber der *Weltbühne* und ein gesellschaftskritischer Journalist, Schriftsteller, Lyriker, Satiriker, Liedtexter und Kritiker. Tucholsky warnte schon früh vor der Bedrohung des Nationalsozialismus und der Erstarkung der politischen Rechten. 1933 verboten die Hitler-Faschisten die *Weltbühne*, bezeichneten seine Werke als »entartete« Kunst und verbrannten seine Bücher. Tucholsky starb am 21.12.1935 in Schweden.

Die Illustratorin

Stefanie Harjes, 1967 in Bremen geboren, studierte an der Fachhochschule Hamburg und an der Hochschule für Angewandte Künste in Prag. Zahlreiche Bücher und Anthologien hat sie bisher illustriert, etliche davon wurden im Ausland veröffentlicht. Seit 30 Jahren arbeitet sie als Illustratorin & Buchkünstlerin in ihrem Atelier »Überm Wind«. Weltweit unterrichtet sie, leitet Workshops und Seminare und hält Vorträge. Ihre Arbeiten werden auf internationaler Ebene in Einzel- und Gruppenausstellungen präsentiert.

Kurt Tucholsky
Illustriert von Stefanie Harjes

Auf tausend Straßen

Gedichte & Prosa

GOYA

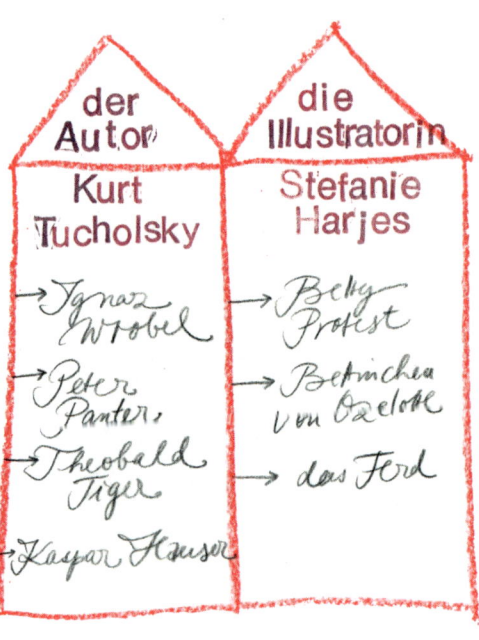

Für alle, die auf tausend Straßen einsam sind.   SH

Inhaltsverzeichnis

Der Pfau	14
Start	16
Schall und Rauch	22
Mir fehlt ein Wort	24
Gebet des Zeitungslesers	28
Märchen	36
Schöner Herbst	38
Die diskreditierte Literatur	40
Großstadt-Weihnachten	42
Die Katze spielt mit der Maus	44
Parkett	48
Was darf die Satire?	50
Altes Lied 1794	54
Die Kartoffeln	56
Sie schläft	58
Die Prostitution mit der Maske	60
Krieg dem Kriege	66
Lied fürs Grammophon	70
Berlin! Berlin!	74
Heute zwischen Gestern und Morgen	82
Das menschliche Paris	84
Trunkenes Lied	94
Vor Verdun	96

Die Herren Eltern	106
Abends nach sechs	108
Ehekrach	114
Wofür?	118
Einigkeit und Recht und Freiheit	124
Wie werden die nächsten Eltern?	126
Hej –!	132
Mein Nachruf	140
Die Herren Kolonisatoren	142
Ein Ehepaar erzählt einen Witz	144
Vor und nach den Wahlen	150
Die fünfte Jahreszeit	152
Ideal und Wirklichkeit	156
Heimat	158
Augen in der Großstadt	164
Schloss Gripsholm. Eine Sommergeschichte	166
Rosen auf den Weg gestreut	174
Der Mensch	176
Das Persönliche	182
Der bewachte Kriegsschauplatz	184
Nicht! Noch nicht!	188
Requiem	190

Der Pfau

Ich bin ein Pfau.
    In meinen weißen Schwingen
fängt sich das Schleierlicht der Sonne ein.
Und alle Frauen, die vorübergingen,
liebkosten mit dem Blick den Silberschein.

Ich weiß, dass ich sehr schön bin.
    Meine Federn
auf meinem Kopf stell ich oft kapriziös ...
Ich hab das weißeste von allen Pfauenrädern;
ich bin sehr teuer, selten und nervös.

Ich habe leider ziemlich große Krallen,
und wenn ich fliege, sieht es kläglich aus.
Doch, wer mich liebt, dem werde ich gefallen,
und alle Welt steht vor dem Vogelhaus.

Klug bin ich nicht. Klugheit ist nicht bei allen,
viel liegt nicht hinter meiner Vogelstirn.
Ich will gefallen – immer nur gefallen –
Ich bin ein schöner Pfau. Ich brauche kein Gehirn.

Nur singen darf ich nicht. Das ordinäre
Gekrächz ist nicht zu sehen – wie mein Bildnis zeigt.
Ich bin ein Pfau.
    Und eine schöne Lehre:
Wer dumm und schön ist, setzt sich. Siegt. Und schweigt.

Start

Wir sind fünf Finger an einer Hand.

Der auf dem Titelblatt und:

Ignaz Wrobel. Peter Panter. Theobald Tiger. Kaspar Hauser.

Aus dem Dunkel sind diese Pseudonyme aufgetaucht, als Spiel gedacht, als Spiel erfunden – das war damals, als meine ersten Arbeiten in der *Weltbühne* standen. Eine kleine Wochenschrift mag nicht viermal denselben Mann in einer Nummer haben, und so erstanden, zum Spaß, diese homunculi. Sie sahen sich gedruckt, noch purzelten sie alle durcheinander; schon setzten sie sich zurecht, wurden sicherer; sehr sicher, kühn – da führten sie ihr eigenes Dasein. Pseudonyme sind wie kleine Menschen; es ist gefährlich, Namen zu erfinden, sich für jemand anders auszugeben, Namen anzulegen – ein Name lebt. Und was als Spielerei begonnen, endete als heitere Schizophrenie.

Ich mag uns gern. Es war schön, sich hinter den Namen zu verkriechen und dann von Siegfried Jacobsohn solche Briefe gezeigt zu bekommen:

»Sehr geehrter Herr! Ich muss Ihnen mitteilen, dass ich Ihr geschätztes Blatt nur wegen der Arbeiten Ignaz Wrobels lese. Das ist ein Mann nach meinem Herzen. Dagegen haben Sie da in Ihrem Redaktionsstab einen offenbar alten Herrn, Peter Panter, der wohl das Gnadenbrot von Ihnen bekommt. Den würde ich an Ihrer Stelle ... «

Und es war auch nützlich, fünfmal vorhanden zu sein – denn wer glaubt in Deutschland einem politischen Schriftsteller Humor? dem Satiriker Ernst? dem Verspielten Kenntnis des Strafgesetzbuches, dem Städteschilderer lustige Verse? Humor diskreditiert.

Wir wollten uns nicht diskreditieren lassen und taten jeder seins. Ich sah mit ihren Augen, und ich sah sie alle fünf: Wrobel, einen essigsauern, bebrillten, blaurasierten Kerl, in der Nähe eines Buckels und roter Haare; Panter, einen beweglichen, kugelrunden, kleinen Mann; Tiger sang nur Verse, waren keine da, schlief er – und nach dem Kriege schlug noch Kaspar Hauser die Augen auf, sah in die Welt und verstand sie nicht. Eine Fehde zwischen ihnen wäre durchaus möglich. Sie dauert schon siebenunddreißig Jahre.

Woher die Namen stammen –?

Die alliterierenden Geschwister sind Kinder eines juristischen Repetitors aus Berlin. Der amtierte stets vor gesteckt vollen Tischen, und wenn der pinselblonde Mann mit den kurzsichtig blinzelnden Augen und dem schweren Birnenbauch dozierte, dann erfand er für die Kasperlebühne seiner ›Fälle‹ Namen der Paradigmata.

Die Personen, an denen er das Bürgerliche Gesetzbuch und die Pfändungsbeschlüsse und die Strafprozessordnung demonstrierte, hießen nicht A und B, nicht: Erbe und nicht Erblasser. Sie hießen Benno Büffel und Theobald Tiger; Peter Panter und Isidor Iltis und Leopold Löwe und so durchs ganze Alphabet. Seine Alliterationstiere mordeten und stahlen; sie leisteten Bürgschaft und wurden gepfändet; begingen öffentliche Ruhestörung in Idealkonkurrenz mit Abtreibung und benahmen sich überhaupt recht ungebührlich. Zwei dieser Vorbestraften nahm ich mit nach Hause – und, statt Amtsrichter zu werden, zog ich sie auf.

Wrobel – so hieß unser Rechenbuch; und weil mir der Name Ignaz besonders hässlich erschien, kratzbürstig und ganz und gar abscheulich, beging ich diesen kleinen Akt der Selbstzerstörung und taufte so einen Bezirk meines Wesens.

Kaspar Hauser braucht nicht vorgestellt zu werden. Das sind sie alle fünf.

Und diese fünf haben nun im Lauf der Jahre in der *Weltbühne* gewohnt und anderswo auch. Es mögen etwa tausend Arbeiten gewesen sein, die ich durchgesehen habe, um diese daraus auszuwählen – und alles ist noch einmal vorbeigezogen ... Vor allem der Vater dieser Arbeit: Siegfried Jacobsohn.

Fruchtbar kann nur sein, wer befruchtet wird. Liebe trägt Früchte, Frauen befruchten, Reisen, Bücher ... in diesem Fall tat es ein kleiner Mann, den ich im Januar 1913 in seinem runden Bücherkäfig aufgesucht habe und der mich seitdem nicht mehr losgelassen hat, bis zu seinem Tode nicht. Vor mir liegen die Mappen seiner Briefe: diese Postkarten, eng bekritzelt vom obern bis zum untern Rand, mit einer winzigen, fetten Schrift, die aussah wie ein persisches Teppichmuster. Ich höre das »Ja –?«, mit dem er sich am Telefon zu melden pflegte; mir ist, als klänge die Muschel noch an meinem Ohr ... Was war es –?

Es war der fast einzig dastehende Fall, dass dem Gebenden ein Nehmender gegenüberstand, nicht nur ein Druckender. Wir senden unsere Wellen aus – was ankommt, wissen wir nicht, nur selten. Hier kam alles an. Der feinste Aufnahmeapparat, den dieser Mann darstellte, feuerte zu höchster Leistung an – vormachen konnte man ihm nichts. Er merkte alles. Tadelte unerbittlich, aber man lernte etwas dabei. Ganze Sprachlehren wiegt mir das auf, was er ›ins Deutsche übersetzen‹ nannte. Einmal fand er eine Stelle, die er nicht verstand. »Was heißt das? Das ist wolkig!« sagte er. Ich begehrte auf und wusste es viel besser. »Ich wollte sagen ... « erwiderte ich – und nun setzte ich ihm genau auseinander, wie es gemeint war. »Das wollte ich sagen«, schloss ich. Und er: »Dann sags.« Daran habe ich mich seitdem gehalten. Die fast automatisch arbeitende Kontrolluhr seines Stilgefühls ließ nichts durchgehen – kein zu starkes Interpunktionszeichen, keine wilde Stilistik, keinen Gedankenstrich nach einem Punkt (Todsünde!) – er war immer wach.

Und so waren unsere Beiträge eigentlich alle nur Briefe an ihn, für ihn geschrieben, im Hinblick auf ihn: auf sein Lachen, auf seine Billigung – ihm zur Freude. Er war der Empfänger, für den wir funkten.

Ein Lehrer, kein Vorgesetzter; ein Freund, kein Verlagsangestellter; ein freier Mann, kein Publikumshase. »Sie haben nur ein Recht«, pflegte er zu sagen, »mein Blatt nicht zu lesen.« Und so stand er zu uns, so hat er uns geholfen, zu uns selbst verholfen, und wir haben ihn alle lieb gehabt.

Wir beide nannten uns, nach einem revolutionären Stadtkommandanten Berlins, gegenseitig: Kalwunde.

»Kalwunde!« sagtest du, wenn du dreiunddreißig Artikel in der Schublade hattest, »Kalwunde, warum arbeitest du gar nicht mehr –?« Und dann fing ich wieder von vorne an. Und wenn das dicke Kuvert mit einem satten Plumps in den Briefkasten fiel, dann hatte der Tag einen Sinn gehabt, und ich stellte mir, in Berlin und in Paris, gleichmäßig stark vor, was du wohl für ein Gesicht machen würdest, wenn die Sendung da wäre. Siehst du, nun habe ich das alles gesammelt … Und du kannst es nicht mehr lesen … »Mensch!« hättest du gesagt, »ick wer doch det nich lesen! Ich habe es ja alles ins Deutsche übersetzt –!«

Das hast du.

Und so will ich mich denn mit einem Gruß an dich auf den Weg machen.

Starter, die Fahne –! Ab mit 5 PS.

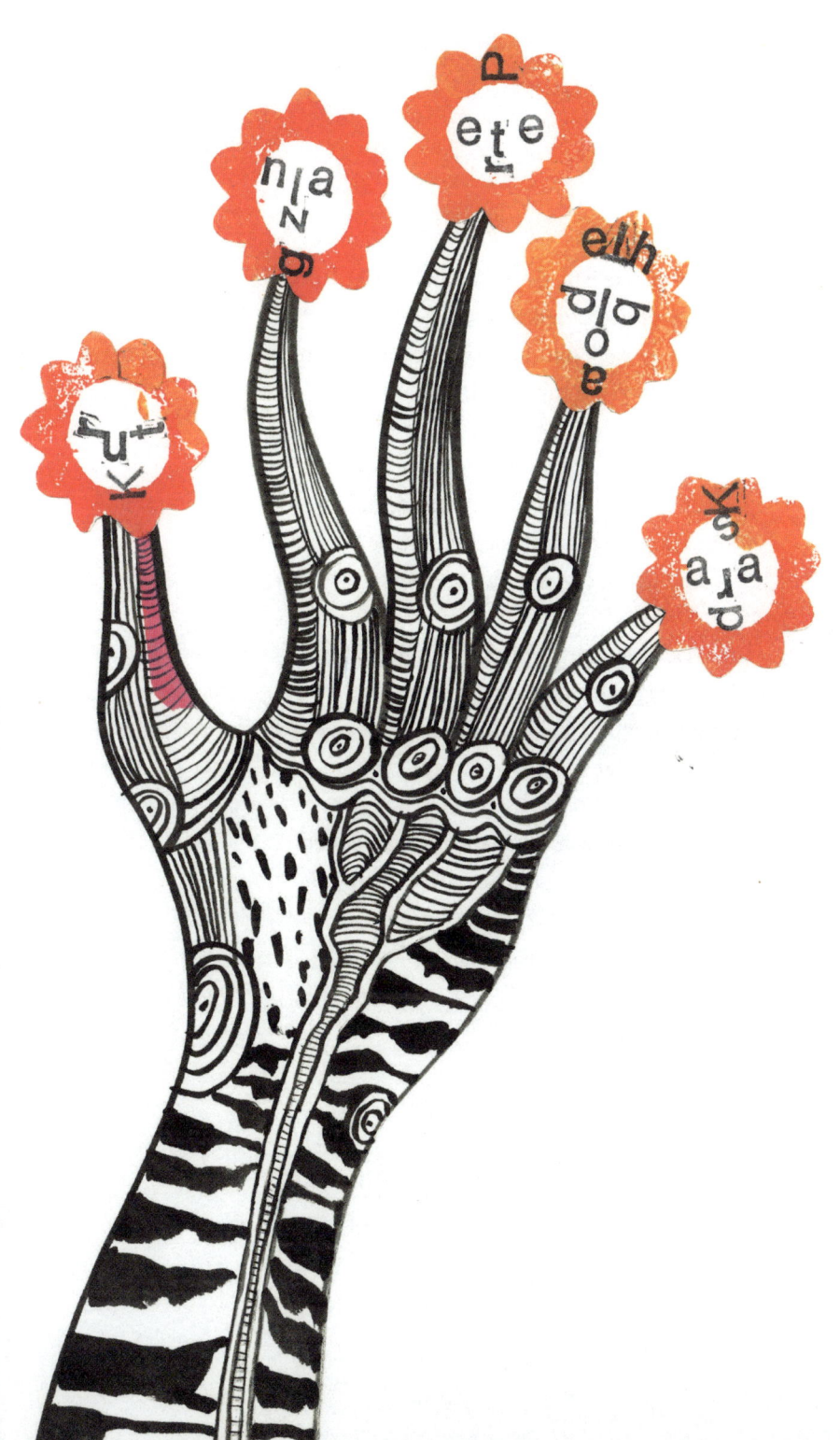

Schall und Rauch Theobald Tiger

Der Name ists, der Menschen zieret,
weil er das Erdenpack sortieret –
bist du auch dämlich, schief und krumm:
Du bist ein Individuum.

Hier sieht man nun den Dichter walten.
Er schafft nicht nur die Dichtgestalten,
nein, er benamset auch sein Kind –
und nennt es Borkman oder Gynt.

Wie aber, wenn er in den Dramen
gediegne bürgerliche Namen
benutzt und jener Bürger klagt,
damits der Richter untersagt?

»Du wirst dich von dem Namen trennen!
Musst du ihn grade Barnhelm nennen?«
Der Richter schüttelt das Barett:
»Der Name macht den Kohl nicht fett!«

Und kurz: Wir werden was ertragen!
Schon sieht man Doktor Tassow klagen,
mit ihm in trautestem Verein
den Grünkramhändler Wallenstein.

Dem Dichter fällt in seine Leier
auch der Ap'theker Florian Geyer –
dem Dichter grausts mit einem Mal:
Er numeriert sein Personal.

Wie nennt man nun die Rechtsgelehrten,
die uns mit diesem Spruch beehrten?
Wie nennt man also dies Gericht?
Hier weiß ich keinen Namen nicht.

Mir fehlt ein Wort

Peter Panter

Ich werde ins Grab sinken, ohne zu wissen, was die Birkenblätter tun. Ich weiß es, aber ich kann es nicht sagen. Der Wind weht durch die jungen Birken; ihre Blätter zittern so schnell, hin und her, dass sie ... was? Flirren? Nein, auf ihnen flirrt das Licht; man kann vielleicht allenfalls sagen: die Blätter flimmern ... aber es ist nicht das. Es ist eine nervöse Bewegung, aber was ist es? Wie sagt man das? Was man nicht sagen kann, bleibt unerlöst – ›besprechen‹ hat eine tiefe Bedeutung. Steht bei Goethe ›Blattgeriesel‹? Ich mag nicht aufstehen, es ist so weit bis zu diesen Bänden, vier Meter und hundert Jahre. Was tun die Birkenblätter –?

(Chor): »Ihre Sorgen möchten wir ... Hat man je so etwas ... Die Arbeiterbewegung ... macht sich da niedlich mit der deutschen Sprache, die er nicht halb so gut schreibt wie unser Hans Grimm ... « Antenne geerdet, aus.

Ich weiß: darauf kommt es nicht an; die Gesinnung ist die Hauptsache; nur dem sozialen Roman gehört die Zukunft; und das Zeitdokument – oh, ich habe meine Vokabeln gut gelernt. Aber ich will euch mal was sagen:

Wenn Upton Sinclair nun auch noch ein guter Schriftsteller wäre, dann wäre unsrer Sache sehr gedient. Wenn die pazifistischen Theaterstücke nun auch noch prägnant geschrieben wären, dass sich die Sätze einhämmern,

dann hätte unsre Sache den Vorteil davon. Sprache ist eine Waffe. Haltet sie scharf. Wer schludert, der sei verlacht, für und für. Wer aus Zeitungswörtern und Versammlungssätzen seines dahinlabert, der sei ausgewischt, immerdar.
Lest dazu das Kapitel über die deutsche Sprache in Alfons Goldschmidts. *Deutschland heute*. Wie so vieles, ist da auch dieses zu Ende gesagt.

Was tun die Birkenblätter –? Nur die Blätter der Birke tun dies; bei den andern Bäumen bewegen sie sich im Winde, zittern, rascheln, die Äste schwanken, mir fehlt kein Synonym, ich habe sie alle. Aber bei den Birken, da ist es etwas andres, das sind weibliche Bäume – merkwürdig, wie wir dann, wenn wir nicht mehr weiterkönnen, immer versuchen, der Sache mit einem Vergleich beizukommen; es hat ja eine ganze österreichische Dichterschule gegeben, die nur damit arbeitete, dass sie Eindrücke des Ohres in die Gesichtsphäre versetzte und Geruchsimpressionen ins Musikalische – es ist ein amüsantes Gesellschaftsspiel gewesen, und manche haben es Lyrik genannt. Was tun die Birkenblätter? Während ich dies schreibe, stehe ich alle vier Zeilen auf und sehe nach, was sie tun. Sie tun es. Ich werde dahingehen und es nicht gesagt haben.

Gebet des Zeitungslesers

Peter Panter

Zimmer. Der Zeitungsleser im Schlafrock. Auf dem Tisch, auf Stühlen verstreut und zerknüllt, liegen Zeitungen aller Größen. In einer Ecke ein größerer Packen aufeinandergeschichteter Zeitungen. An der Wand quellen aus einem Regal Zeitungen.

Die Begleitmusik geht durch alle Möglichkeiten: vom Jazz bis zum Choral.

Du lieber Gott, so hör mein leises Flehen!
Tu auf den Packen hier heruntersehen!
Du lieber Gott, ich pfeif am letzten Loche:
das sind die Zeitungen von einer Woche!
Die muss ich alle, alle lesen:

Vom Bürgerkrieg bei Nord- und Südchinesen;
vom Turnerfest mit Grätsche und mit Kippe;
vom Flaggenstreit in Schaumburg-Lippe;
von Abegg, Lübeck, Ahlbeck, Becker;
von Schnillers Testamentsvollstrecker;
vom Prinz von Wales und von Richard Strauss –
das fliegt mir alles so ins Haus!
Ich kaufs auch noch. Sobald ichs seh,
fixe Idee:
»Acht-Uhr-Abendblatt! Acht-Uhr! B. Z.! Die Nachtausgabe!«

Wo nur eine Zeitung ist, da trabe
ich hin – aus Gier
nach Papier – immer nach Papier –
bleib auf der Straße stehn und lese hier:

Die westliche Ostsee ziemlich bewegt;
Pola Negri endgültig trocken gelegt;
Churchill gestürzt – die Kammer tobt;
der Papst mit Mary Wigman verlobt;
(das ist ihm recht!) – Sturm auf den Azoren;
Ludendorffs Dackel hat seinen Schwanz verloren;
in Grönland Badehosenhausse;
Pallenberg hundertmal in einer Posse;
Verfilmung des Dramas Ain und Kabels;
Prämiierung des kleinsten Damennabels;
Mussolini und das schwarze Hemd seiner Amme –
Nachrichten, Nachrichten, Telegramme, Telegramme,
Telegramme –

Jazz
Was geht denn mich das an?
Das geht mich gar nichts an!
Das geht mich gar nichts an!

In den Beilagen raschelt und zischelt der Wind –
Ich bin ein armes zerlesenes Kind ...
Hat keiner mit mir Armen
Erbarmen?

Man sagt von IHM, dass ER doch auch nen Sohn hat ...
Das sind die Zeitungen von einem Monat!
Wenn ich sie seh: mich schaudert und mich graust –
was kommt da noch auf mich herabgebraust?

Choral
Befrei mich Du vom irdischen Bösen.
Warum muss ich denn Silbenrätsel lösen?
Was kostets mich für lange Stunden
bis ich: »Mätresse unter Ludwig XVI.« gefunden –
Auflösung: »Nichtswürdig ist die Nation«
Oder: »Du sollst nicht töten, spricht der Gottessohn!«
Es ist manchmal ein Kreuz mit Deinem Wort!
nimm doch die Kreuzworträtsel fort ...
So plätschert das tagaus, tagein,
auf mich, den armen Leser herein –

Es regnet Zeitungen
Papier! Papier! Von welchem Riesenbaume
verflattert das in unserm Erdenraume?
Papier! Papier! Genug! Genug des Segens!
Ertränk mich nicht, du Flut des Zeitungsregens!

Marseillaise
Hier sind die Fahnen aller Staaten!
Allons, journaux de la patrie!
Ich kann in Zeitungen schwimmen – in Zeitungen waten –
aber ohne Zeitungen sein: das kann ich nie!
Wie sie mich quälen,
töten beinah –
Und wie sie mir fehlen,
wenn sie nicht da ...!
Was soll mir das? Was hats für einen Sinn?
Mein ganzes Leben ging in Kleinigkeiten hin ...
Am jüngsten Tage des Gerichts,
da werd ich sehn:

4. Paukenschläge
Ich kam zu nichts.
Zerteilt. Zerspielt. Zerspellt. Zerzettelt.
Mein Lebtag hab ich nur um eins gebettelt:
um Ruhe.
Du gabst sie nicht. So muss ich dienen,
als Sklave aller Rotationsmaschinen.

Du lieber Gott, gebleicht ist all mein Haar.
Hier sind die Zeitungen von einem Jahr ...!
Du hast mich ihnen gänzlich preisgegeben –
war das ein Leben – das mein Leben –?

Ich merkte, welche Tageszeit grad war,
nur am ›*Matin*‹, ›*Paris-Midi*‹, ›*Le Soir*‹ ...
Bis in die letzten Winkel meines Heims
kam deine ›*Zeit*‹, ›*Le Temps*‹, ›*die Times*‹ –
Verflucht die Bilder, die Plakate!
die Leitartikel, Inserate!
die Neuigkeit, die, kaum geboren, alt!
das Blatt am Baum – der ganze Blätterwald!
Verflucht! Verflucht die Menschenfibel!
verflucht die Inseratenbibel!

Ruhm: Durch die Zeitung. Heirat: durch die Zeitung.
Krieg: Durch die Zeitung. Friede: durch die Zeitung.
Nimm sie von mir! Die Zeitung triumphiert!

Totenstille. In der Musik aufgelöste Akkorde.
Ruhe nach einem Sturm, ganz sanft.

Es hilft ja nichts.
        Du bist ja sicher
              selber
                      abonniert ...

mit ausgestreckten Armen nach oben – Vorhang

Märchen

Es war einmal ein Kaiser, der über ein unermesslich großes, reiches und schönes Land herrschte. Und er besaß wie jeder andere Kaiser auch eine Schatzkammer, in der inmitten all der glänzenden und glitzernden Juwelen auch eine Flöte lag. Das war aber ein merkwürdiges Instrument. Wenn man nämlich durch eins der vier Löcher in die Flöte hineinsah – oh! was gab es da alles zu sehen! Da war eine Landschaft darin, klein, aber voll Leben: eine Thomasche Landschaft mit Böcklinschen Wolken und Leistikowschen Seen. Rezniceksche Dämchen rümpften die Nasen über Zillesche Gestalten, und eine Bauerndirne Meuniers trug einen Arm voll Blumen Orliks – kurz, die ganze moderne Richtung war in der Flöte.

    Und was machte der Kaiser damit? Er pfiff drauf.

Schöner Herbst
Theobald Tiger

Das ist ein sündhaft blauer Tag!
Die Luft ist klar und kalt und windig,
weiß Gott: ein Vormittag, so find ich,
wie man ihn oft erleben mag.

Das ist ein sündhaft blauer Tag!
Jetzt schlägt das Meer mit voller Welle
gewiss an eben diese Stelle,
wo dunnemals der Kurgast lag.

Ich hocke in der großen Stadt:
und siehe, durchs Mansardenfenster
bedräuen mich die Luftgespenster ...
Und ich bin müde, satt und matt.

Dumpf stöhnend lieg ich auf dem Bett.
Am Strand war es im Herbst viel schöner ...
Ein Stimmungsbild, zwei Följetöner
und eine alte Operett!

Wenn ich nun aber nicht mehr mag!
Schon kratzt die Feder auf dem Bogen –
das Geld hat manches schon verbogen ...
Das ist ein sündhaft blauer Tag!

Die diskreditierte Literatur

Peter Panter

Das deutsche Lesepublikum scheint mit einem großen Wurstkessel verglichen werden zu dürfen. Oben stehen die Köche – das sind die Herren Verleger – und schütten und schütten Würste hinein. Wie lange noch, und der Kessel ist voll.

Wie soll das werden? Früher, das war eine schöne Zeit. Gewiss, die Bücher waren nicht so billig wie heute, und auch die Drucktechnik ließ noch zu wünschen übrig. Aber wie liebte man so ein schmales Bändchen, wie kannte man jeden Buchstaben auf dem Einband, wie zärtlich streichelte man das oft gelesene Buch! Heute hat sich der Druck verbessert, die Ausstattung ist fast durchweg gut – aber die Bücher sind wohlfeil geworden und die Liebe zu ihnen auch. Die billigen Bücher waren anfangs eine angenehme Zugabe zu den gewichtigen Dingen, die der Markt bot – heute sind sie ein Fliegengeschmeiß, und eines Tages werden sie nicht nur den ganzen Sortimenterverdienst, sondern auch das große Interesse für Bücher aufgefressen haben. Luxusausgaben mochten wir kaum noch sehen, seit Frieda Schanz für sechs Mark eine Leinenausgabe ihrer Balladen veranstaltet und ihren Namen vorne hineinsigniert hatte. Da saßen die Verleger, und ob sie die Auflage noch so begrenzten: niemand war da, der ihnen die Exemplare, nur für Liebhaber und Liebhaberinnen hergestellt, abkaufte. Da saßen sie und weinten.

Und erfanden – das billige Buch.

»Auch die große Masse soll ... Selbst der gemeine Mann ... Das Volk ...« klingelten die Schlagworte. Gut. Aber was Mittel war, wurde Selbstzweck, und was heute ein besseres Buch sein will, darf nicht mehr als eine Mark kosten. Warum soll ich heute noch fünf oder gar sechs Mark für ein Werk ausgeben, das ich nächstens doch in der billigen Ausgabe erwischen werde? Die Herren Dichter mögen gewiss nicht gut dabei wegkommen – und der Verleger? Die Masse macht es. Bald wird sie es nicht mehr machen. Noch sind sie nicht übersättigt, die Bücherkäufer – obgleich leise Anzeichen schon vorhanden sind – noch kaufen sie, wie es ihre Pflicht ist. Aber über ein kurzes, und sie haben es satt. Der Zeitpunkt scheint nicht mehr fern. Der Insel-Verlag hat die Fünfzig-Pfennig-Wiese abgegrast, Fischer, der es auch nicht nötig hatte, folgte, und heute gibt es überall für sechzig Pfennige ein Buch oder viele Bücher, die soviel gute Literatur enthalten, dass sie nicht anregen, sondern sättigen. Ein Insel-Almanach im Jahr ist schön; aber die Buchhändler werden merken, dass tausend solche billigen Bücher das teurere Buch nicht einführen, sondern diskreditieren. Viel Glück! Herunterzugehen, war nicht schwer. Jetzt heißt es: wieder heraufkommen.

Großstadt-Weihnachten

Theobald Tiger

Nun senkt sich wieder auf die heim'schen Fluren
die Weihenacht! die Weihenacht!
Was die Mamas bepackt nach Hause fuhren,
wir kriegens jetzo freundlich dargebracht.

Der Asphalt glitscht. Kann Emil das gebrauchen?
Die Braut kramt schämig in dem Portemonnaie.
Sie schenkt ihm, teils zum Schmuck und teils zum Rauchen,
den Aschenbecher aus Emalch glasé.

Das Christkind kommt! Wir jungen Leute lauschen
auf einen stillen heiligen Grammophon.
Das Christkind kommt und ist bereit zu tauschen
den Schlips, die Puppe und das Lexikohn,

Und sitzt der wackre Bürger bei den Seinen,
voll Karpfen, still im Stuhl, um halber zehn,
dann ist er mit sich selbst zufrieden und im reinen:
»Ach ja, son Christfest is doch ooch janz scheen!«

Und frohgelaunt spricht er vom ›Weihnachtswetter‹,
mag es nun regnen oder mag es schnein,
Jovial und schmauchend liest er seine Morgenblätter,
die trächtig sind von süßen Plauderein.

So trifft denn nur auf eitel Glück hienieden
in dieser Residenz Christkindleins Flug?
Mein Gott, sie mimen eben Weihnachtsfrieden ...
»Wir spielen alle. Wer es weiß, ist klug.«

Die Katze spielt mit der Maus

Peter Panter

Sie stehen alle im Kreis, die Soldaten, und blicken alle auf einen Punkt. Ich trete hinzu.

Die schwarz-weiße Katze hat eine Maus gefangen. Die schwarz-weiße Katze, unser Kompanie-Peter (eine Dame, allerdings), Peter der Erste; ein junges Tier, noch nicht völlig ausgewachsen, aber auch nicht mehr niedlich genug, um in die Hand genommen zu werden. Die Maus ist noch springlebendig – Peter muss sie eben erst gefangen haben. Peter ist tagelang auf dem Kriegsschauplatz herumgelaufen, Peter hat sich eigenmächtig von der Truppe entfernt, also hat sie Hunger, also wird sie die Maus gleich fressen.

Die Katze lässt die Maus laufen. Die Maus flitzt, wie an einer Schnur gezogen, davon – die Katze mit einem genau abgeschätzten Sprung nach. Mit der letzten Spitze der ausgestreckten Pfote hält sie die Maus. Die Maus zappelt. Die Pfote schiebt sich langsam hin und her; die Pfote prüft die Maus. Die Katze liegt dahinter und dirigiert das Ganze. Aber das ist nicht mehr ihre Pfote – das ist ein neues Tier, das nur für den Zweck erschaffen ist, ein wenig, so grausam wenig schneller als die Maus zu sein. Die Pfote hebt sich, die Maus stürzt davon – sie darf stürzen, ja, das ist gradezu vorgesehen. Die Pfote waltet ihr zu Häupten und schlägt sie im letzten Augenblick nieder. Die Maus quiekt. Jetzt wird das Tempo lebhafter.

Hurr – die Maus läuft, ein weites Stück. Satz. Hat. Und wieder – und wieder. Manchmal sieht die Katze mit ihren grünen, regungslosen Augen erschreckt ins Weite, als habe sie ein böses Gewissen und befürchte, dass jemand kommt. Jemand – wer sollte kommen? Jetzt läuft die Maus langsamer. Wie eine ›laufende Maus‹, die man kaufen kann; sie wackelt etwas, als ob das Uhrwerk da drinnen schon ein bisschen klapprig wäre. Und wieder hat sie die Katze. Diesmal lässt sie sie nicht los. Sie streichelt sie mit der steifen Pfote; sie streckt sich wohlig aus und schnurrt. Du meine kleine Gefährtin! Es ist fast, als bedaure sie, dass die dumme Maus nicht auch mitspielt. Sie soll irgendetwas tun, die Maus. Die Katze dehnt sich … Ich habe sie! ich habe sie! Ach – das ist schön – die Macht, die süße, starke Macht! Ich habe die Oberhand – und sie wird ganz lang vor Behagen, so lang, dass vorn die Kralle abrutscht und Maus entwischt. Es ist nicht mehr viel mit ihr – sie humpelt, fällt auf die Seite, quietscht leise. Wieder hat sie die Katze, aber als sie jetzt losgelassen wird, regt sie sich nicht. Sie ist tot.

Das bringt die Katze außer sich. Wie? Die Maus will nicht mehr? Sie ist nicht mehr lebendig, nicht mehr bei der Sache, kein halb widerwilliges Spielzeug, bei dem der Hauptreiz darin bestand, dass es sich sträubte? Hopp – dann machen wir sie lebendig! Hopp – der Tod hat mir in mein Spiel nichts hereinzuspielen, das sage ich, die Katze! Und packt die Maus mit den Zähnen, schüttelt sie und wirft sie sich über den Kopf und springt hoch in die Luft und fängt sie wieder auf. Die Katze ist toll. Sie rast, sie tobt mit dem kleinen grauen Bündel herum, das sich nicht mehr bewegt, sie tanzt und wälzt sich über die Maus. Dann gibt es einen kleinen Knack; der Höhepunkt ist überschritten, die Katze beginnt erregt, doch schon gedämpft, zu knabbern. Knochen knistern – die Maus wird im Querschnitt dunkelrot – – –.

Aber das ist keine Allegorie. Eine Allegorie ist ein Sinnbild, eine rednerische Form des Vergleichs, ein, wie es heißt, veraltetes Hilfsmittel. Das aber ist Leben – ist nichts andres als unser menschliches Tun auch. Es ist kein Unterschied: das war eine Katze, und wir sind Menschen – aber es war doch dasselbe.

Die arme Maus! Vielleicht hätte sie fleißig turnen sollen und allerhand Sport treiben – dann wäre das wohl nicht so schlimm für sie abgelaufen. Oder vielleicht haben ihre Vorfahren gesündigt, die auch einmal Katzen waren und sich dann in Nachdenklichkeit und Milde so langsam zur Maus herunter degenerierten. Wer weiß –.

Die Katze ist eine Sadistin. Aber das ist ein dummes Wort; man denkt dann gleich an eine rothaarige Zirkusgräfin mit hohen Juchtenstiefeln und an verwelkte Mummelgreise im Frack, die ihr die Füße küssen und blödsinnige Komplimente lallen. Nein, so war das gar nicht; das mit der Zirkusgräfin ist nur der letzte Grenzfall.

Natürlich ist die Katze ein Tier wie andre auch. Und sie ist stärker als die Maus, und das hat sie ausgenutzt weit über die Nahrungsfrage hinaus. Sie hatte die Kraft. Und die Maus litt.

Und dieser Schnitt klafft durch alles, dieser Riss spaltet alles – da gibt es keine Brücke. Immer werden sich die zwei gegenüberstehen: die Katze und die Maus.

Parkett

Ignaz Wrobel

Das Stück hat Weltanschauung. Neben mir Ottilchen
hat weit die grauen Augen aufgemacht:
Der, nach dem Spiel, erhofft ein Kartenspielchen,
der eine Nacht ...

Der Diener meldet die Kommerzienräte,
die Gnädige empfängt, ein Sektglas klirrt.
Ich streichle ihre Hand, die sonst die Hüte nähte ...
Ob das was wird?

Da oben gibt es Liebe und Entsetzen,
doch so gemäßigt, wie sichs eben schickt.
»Ottilie«, flüstre ich, »vermagst du mich zu schätzen?!«
Sieh da: sie nickt.

Nun lässt mich alles kalt: die ganze Tragik
ist jetzt für mich verhältnismäßig gleich.
Und nimmt Madameken ihr Gift, dann sag ick:
»Ich bin so reich ... «

Was kümmern mich die blöden Bühnenränke!
Nu sieh mal, wie sie um die Leiche stehn!
Genug –
   ... »Ottilie«, spreche ich, »ich denke –
wir wollen gehn ... «

Was darf die Satire?   Ignaz Wrobel

> Frau Vockerat: »Aber man muss doch seine Freude haben können an der Kunst.«
> Johannes: „Man kann viel mehr haben an der Kunst als seine Freude.«
> Gerhart Hauptmann

Wenn einer bei uns einen guten politischen Witz macht, dann sitzt halb Deutschland auf dem Sofa und nimmt übel.

Satire scheint eine durchaus negative Sache. Sie sagt: »Nein!« Eine Satire, die zur Zeichnung einer Kriegsanleihe auffordert, ist keine. Die Satire beißt, lacht, pfeift und trommelt die große, bunte Landsknechtstrommel gegen alles, was stockt und träge ist.

Satire ist eine durchaus positive Sache. Nirgends verrät sich der Charakterlose schneller als hier, nirgends zeigt sich fixer, was ein gewissenloser Hanswurst ist, einer, der heute den angreift und morgen den.

Der Satiriker ist ein gekränkter Idealist: er will die Welt gut haben, sie ist schlecht, und nun rennt er gegen das Schlechte an.

Die Satire eines charaktervollen Künstlers, der um des Guten willen kämpft, verdient also nicht diese bürgerliche Nichtachtung und das empörte Fauchen, mit dem hierzulande diese Kunst abgetan wird.

Vor allem macht der Deutsche einen Fehler: er verwechselt das Dargestellte mit dem Darstellenden. Wenn ich die Folgen der Trunksucht aufzeigen will, also dieses Laster bekämpfe, so kann ich das nicht mit frommen Bibelsprüchen, sondern ich werde es am wirksamsten durch die packende Darstellung eines Mannes tun, der hoffnungslos betrunken ist. Ich hebe den Vorhang auf, der schonend über die Fäulnis gebreitet war, und sage: »Seht!« – In Deutschland nennt man dergleichen ›Krassheit‹. Aber Trunksucht ist ein böses Ding, sie schädigt das Volk, und nur schonungslose Wahrheit kann da helfen. Und so ist das damals mit dem Weberelend gewesen, und mit der Prostitution ist es noch heute so.

Der Einfluss Krähwinkels hat die deutsche Satire in ihren so dürftigen Grenzen gehalten. Große Themen scheiden nahezu völlig aus. Der einzige *Simplicissimus* hat damals, als er noch die große, rote Bulldogge rechtens im Wappen führte, an all die deutschen Heiligtümer zu rühren gewagt: an den prügelnden Unteroffizier, an den stockfleckigen Bürokraten, an den Rohrstockpauker und an das Straßenmädchen, an den fettherzigen Unternehmer und an den näselnden Offizier. Nun kann man gewiss über all diese Themen denken wie man mag, und es ist jedem unbenommen, einen Angriff für ungerechtfertigt und einen anderen für übertrieben zu halten, aber die Berechtigung eines ehrlichen Mannes, die Zeit zu peitschen, darf nicht mit dicken Worten zunichte gemacht werden.

Übertreibt die Satire? Die Satire muss übertreiben und ist ihrem tiefsten Wesen nach ungerecht. Sie bläst die Wahrheit auf, damit sie deutlicher wird, und sie kann gar nicht anders arbeiten als nach dem Bibelwort: Es leiden die Gerechten mit den Ungerechten.

Aber nun sitzt zutiefst im Deutschen die leidige Angewohnheit, nicht in Individuen, sondern in Ständen, in Korporationen zu denken und aufzutreten, und wehe, wenn du einer dieser zu nahe trittst. Warum sind unsere Witzblätter, unsere Lustspiele, unsere Komödien und unsere Filme so mager? Weil keiner wagt, dem dicken Kraken an den Leib zu gehen, der das ganze Land bedrückt und dahockt: fett, faul und lebenstötend.

Nicht einmal dem Landesfeind gegenüber hat sich die deutsche Satire herausgetraut. Wir sollten gewiss nicht den scheußlichen unter den französischen Kriegskarikaturen nacheifern, aber welche Kraft lag in denen, welch elementare Wut, welcher Wurf und welche Wirkung! Freilich: sie scheuten vor gar nichts zurück. Daneben hingen unsere bescheidenen Rechentafeln über U-Boot-Zahlen, taten niemandem etwas zuleide und wurden von keinem Menschen gelesen.

Wir sollten nicht so kleinlich sein. Wir alle – Volksschullehrer und Kaufleute und Professoren und Redakteure und Musiker und Ärzte und Beamte und Frauen und Volksbeauftragte – wir alle haben Fehler und komische Seiten und kleine und große Schwächen. Und wir müssen nun nicht immer gleich aufbegehren (›Schlächtermeister,

wahret eure heiligsten Güter!›), wenn einer wirklich einmal einen guten Witz über uns reißt. Boshaft kann er sein, aber ehrlich soll er sein. Das ist kein rechter Mann und kein rechter Stand, der nicht einen ordentlichen Puff vertragen kann. Er mag sich mit denselben Mitteln dagegen wehren, er mag widerschlagen – aber er wende nicht verletzt, empört, gekränkt das Haupt. Es wehte bei uns im öffentlichen Leben ein reinerer Wind, wenn nicht alle übel nähmen.

So aber schwillt ständischer Dünkel zum Größenwahn an. Der deutsche Satiriker tanzt zwischen Berufsständen, Klassen, Konfessionen und Lokaleinrichtungen einen ständigen Eiertanz. Das ist gewiss recht graziös, aber auf die Dauer etwas ermüdend. Die echte Satire ist blutreinigend: und wer gesundes Blut hat, der hat auch einen reinen Teint.

Was darf die Satire?

Alles.

Altes Lied 1794

Theobald Tiger

Wenn in des Abends letztem Scheine
dir eine lächelnde Gestalt
am Rasensitz im Eichenhaine
mit Wink und Gruß vorüberwallt –:
Das ist des Freundes treuer Geist,
der Freud' und Frieden dir verheißt.

Wenn bei des Vollmonds Dämmerlichte,
das zagend durch die Zweige sieht,
durch dunkeln Hain von Tann' und Fichte
ein fauliges Gerüchlein zieht –:
Das ist, was da so grauslich riecht,
Herr Goebbels, der vorüberfliecht.

Wenn bei dem Silberglanz der Sterne,
wenn schwarze Nacht herniederweint,
gleich Aeolsharfen aus der Ferne …
wenn dir dann gar kein Geist erscheint –:
Dies Phänomen, damit dus weißt,
das ist Herrn Adolf Hitlers Geist.

Die Kartoffeln

Ich las eines dieser patriotischen Bücher, die das deutsche Heer einer genauern Betrachtung unterziehen. Da stand auch eine historische Erinnerung, die es wert ist, dass wir sie uns aus der Nähe ansehn.

Bei der Belagerung von Paris im Jahre 1870, erzählt der Autor, haben sich die feindlichen Vorposten ganz gut gestanden. Man schoss durchaus nicht immer aufeinander, o nein! Es kam zum Beispiel vor, dass man sich mit Kartoffeln aushalf. Meistens werden es ja die Deutschen gewesen sein, die den Retter in der Not gemacht haben. Aber einmal näherte sich ein französischer Trupp von ein paar Mann, die Deutschen nahmen die Gewehre hoch, da sagte jemand auf Deutsch »Nicht schießen! Wir schießen auch nicht!« und man begann sich wegen auszutauschender Getränke zu verständigen.

Man könnte da von ›Landesverrat‹ sprechen, und tatsächlich untersagte nachher ein Armeebefehl diese Annäherungen aufs Schärfste. Aber was ging hier Wichtigeres vor sich?

Doch offenbar eine Diskreditierung des Krieges. Denn es ist nicht anzunehmen, dass Pflichtvergessene beider Parteien hier böse Dinge inszenierten. Es waren sicher Familienväter, Arbeiter, Landleute, die man in einen farbien Rock gesteckt hatte, mit der Weisung, auf andersfarbige zu schießen.

Warum schossen sie nicht? Offenbar waren doch der Nationalhass, der Zorn, der angeblich das ganze deutsche Volk auf die Beine rief, nicht mehr so groß, wie damals Unter den Linden, als es noch nicht galt, auf seine Mitmenschen zu schießen. Damals hatte mancher mitgebrüllt, weil alle brüllten, und das verpflichtete zu nichts. Aber hier waren Leute, die einen Sommer und einen Winter lang an den eigenen Leibern erfahren hatten, was das heißt: Töten, und was das heißt: Hungern. Und da verschwand der ›tief eingewurzelte Hass‹, und man aß gemeinsam Kartoffeln ... Dieselben Kartoffeln; dieselben Kapitalisten. Aber andere Röcke. Das ist der Krieg.

Sie schläft
Theobald Tiger

Morgens, vom letzten Schlaf ein Stück,
nimm mich ein bisschen mit –
auf deinem Traumboot zu gleiten ist Glück –
Die Zeituhr geht ihren harten Schritt ...
    pick-pack ...

»Sie schläft mit ihm« ist ein gutes Wort.
Im Schlaf fließt das Dunkle zusammen.
Zwei sind keins. Es knistern die kleinen Flammen,
aber dein Atem fächelt sie fort.
Ich bin aus der Welt. Ich will nie wieder in sie zurück –
jetzt, wo du nicht bist, bist du ganz mein.
Morgens, im letzten Schlummer ein Stück,
kann ich dein Gefährte sein.

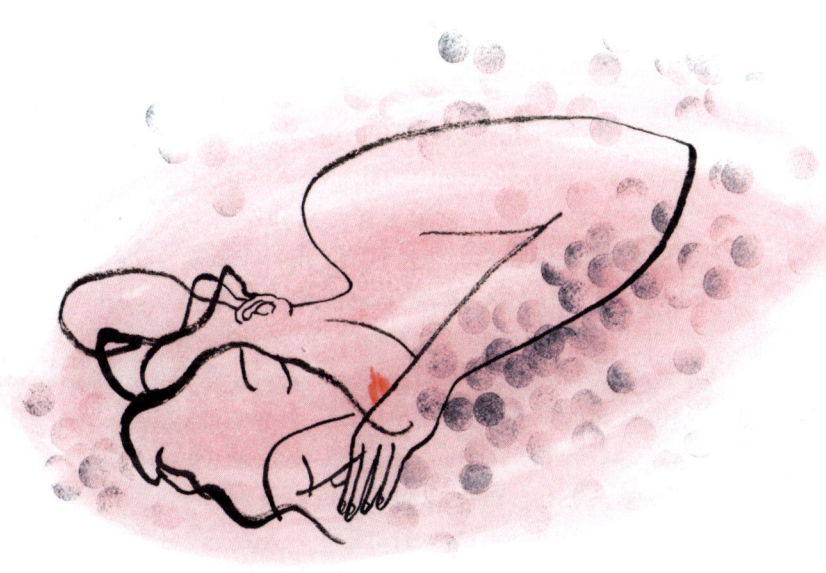

Die Prostitution mit der Maske   Ignaz Wrobel

Der berliner Arzt Magnus Hirschfeld hat seine, wie der Prospekt besagt, wissenschaftliche Unterstützung einigen Filmwerken angedeihen lassen, und weil einer dieser, wie der Prospekt besagt, Aufklärungsfilme jetzt über die Spulen der berliner Lichtspieltheater läuft, wollen wir uns den Fall einmal näher betrachten.

Seit die Filmzensur in Fortfall gekommen ist, wetteifern die großen Filmgesellschaften darin, dem Publikum den gewohnten Kinokitsch mit derjenigen Würze anzurühren, die vorher im Polizeipräsidium sorgfältig aus dem Kochtopf entfernt wurde, bevor die Öffentlichkeit davon essen durfte: und diese Würze ist die Sexualität.

Nicht ungeschickt, wie die Herren Kinoregisseure nun einmal sind, überlegten sie sich: bringen wir unsere Hintertreppenromane nun noch mit dem Zusatz von öffentlichen Häusern, Messerkämpfen zwischen Zuhältern und Dirnen, Verführungen und ähnlichen aufregenden Dingen, dann haben wir bald die öffentliche Meinung gegen uns, die Zetermordio schreien wird und uns irgendwie das Handwerk legt. Was tun? Aber haben wir nicht die Aufklärungsfilme? Haben wir nicht eine Einrichtung, die sich herrlich missbrauchen lässt? Her mit der Aufklärung! Und nun klären sie auf.

Die außerordentlich schwierige Frage, welche Ursachen die Prostitution hat, wie man sie einschränken oder gar abschaffen könne, wie man sie so erträglich gestalten könne, dass sie dem Volkskörper nicht gar so sehr schadet – all das wird, um ein Beispiel herauszugreifen, etwa so behandelt:

In einer Familie sind zwei Töchter. Der Vater ist ein Säufer, der seine eigenen Töchter verkuppeln lässt und mit einem Mädchenhändler gemeinsames Spiel macht. Bei einer Tochter glückt das, sie gerät in ein öffentliches Haus und verkommt dort – sie endet durch einen Lustmord. (Diese Szene wird im Film dargestellt.) Die andere Tochter wird entführt, betäubt und wacht in demselben Hause auf, wird aber durch ihren Freund befreit. Dazwischen spielen reizende kleine Szenchen: Tanz in dem Haus, diese Szenen schrecken nicht ab, sondern reizen höchstens an – eine Treppe ist nur zu dem Behufe da, damit Leute herunterkollern, dass es kracht, und eine Schlägerei in dem Zimmer einer Dame vor einem breiten Bett gehört wohl zu dem Ekelhaftesten, was ich seit langem im Kino zu sehen das Vergnügen hatte – und richtig! damit wir die Sozialhygiene nicht vergessen! Man sieht ein paar dumme Statistengesichter, die den Mund auf und zu machen, man sieht einige Glatzen von hinten, die einem Redner lauschen, und das ist, wie der Text sagt, eine wissenschaftliche Versammlung. Die Worte der Redner erscheinen im Text und enthalten einige Plattheiten, die die Prostitution weder erklären, noch entschuldigen, sondern verherrlichen.

Dazu gibt ein Arzt seinen Namen her und spricht vor einer solchen Vorführung von Maria Magdalena und der »taktvoll angebrachten Wahrheit«, aber das hat er schließlich mit sich und seinen Kollegen abzumachen. Was uns hier angeht, ist folgendes:

Die großen Filmgesellschaften verfolgen lediglich den Zweck, Geld zu verdienen. Diesen Zweck können sie nur erreichen, wenn sie sich sklavisch an die Bedürfnisse des Publikums halten. Das Publikum verlangt Spannung und Hintertreppe: sie geben ihm Spannung und Hintertreppe. Das Publikum verlangt Rührseligkeit und Sieg der Tugend: sie geben ihm Rührseligkeit und den Sieg der Tugend. Aber, verlangt das Publikum, die Tugend soll zwar siegen, – aber erst, wenn man sich an dem Laster genügend ergötzt hat. Das Stück geht nach der Melodie: Pfui! wie schön! Und der Filmregisseur tut, was er kann.

Diese gesamten Aufklärungsfilme, von denen einige schon in den Vorstellungen für Kinder auftauchten, sind ein öffentlicher Skandal. Sie haben nichts, nichts, nichts mit Aufklärung oder irgendwelchen ethischen Zwecken zu schaffen: sie dienen lediglich dazu, die Leute zu kitzeln. Den angehängten Moralspruch liest kein Mensch, und wenn das arme Opfer der sozialen Verhältnisse unter Harmoniumbegleitung zu Grabe getragen wird, dann schnupft befriedigt das ganze Parkett.

Die Wirkung aber ist diese: Die Sehnsucht unverdorbener junger Mädchen nach ein bisschen Paprika wird hier auf das trübste befriedigt – die anständigen Frauen lernen dies und lernen das, und die Ausgekochten grinsen freudig, denn sie wissen es alles besser und können es nach der Praxis erklären und ergänzen. Das Ganze aber ist eine Anreißerei schlimmster Sorte und jenen Kolportageromanen vergleichbar, die, mit der Flagge des Patriotismus versehen, den üblichen Rinaldo Rinaldini verbreiteten.

Der Film hat mit der Kunst nichts zu tun, und wenn sich das Kino tausendmal gute Schauspieler mietet (was es tut), und wenn es die besten Maler und die besten Fotografen bezahlt (was es nicht tut) – niemals wird eine reine Kunstleistung herauskommen, sondern stets ein trauriger Ersatz für ein gutes Theater.

Diese Filme aber sind Schund. In der *Prostitution* zum Beispiel hat die, wie der Prospekt besagt, wissenschaftliche Mitarbeit des Doktors Magnus Hirschfeld nicht vermocht, einen orthographisch richtigen Kinobrief herzustellen, und die Inneneinrichtung eines Bordells hätte man schließlich auch ohne diesen berliner Gelehrten gut und sicher getroffen. Was man aber ohne ihn nicht getroffen hätte, das ist diese schmierige Mischung von Sentimentalität und wissenschaftlicher Phrase, von Roheit und ethischen Schlagworten, von Scheinaufklärung und Detektivroman. Mit euch, Herr Doktor, zu spazieren, ist ehrenvoll und bringt Gewinn ...

Gewinn bringt es. Und macht zugleich die guten Aufklärungsarbeiten der Gesellschaft zur Bekämpfung der Geschlechtskrankheiten zuschanden, die mit wuchtigen Tatsachen und vernünftigen Vorträgen und Demonstrationen, die übrigens meist für Männer und Frauen getrennt abgehalten werden, das ihre tut. Sie klärt auf. Diese Filmisten aber werfen nur Steine in den Sumpf, dass er gurgelt, Blasen steigen auf, die Wasserrosen schaukeln träge, die Irrlichter huschen, die falschen Volksfreunde verdienen Geld – es geht die Sage, der Doktor wolle nächstens auch die Homosexualität verfilmen, was uns noch gefehlt hat – und, im ganzen genommen, haben wir ein neues Laster: die Prostitution mit der Maske.

Krieg dem Kriege

Theobald Tiger

Sie lagen vier Jahre im Schützengraben.
Zeit, große Zeit!
Sie froren und waren verlaust und haben
daheim eine Frau und zwei kleine Knaben,
weit, weit –!

Und keiner, der ihnen die Wahrheit sagt.
Und keiner, der aufzubegehren wagt.
Monat um Monat, Jahr um Jahr ...

Und wenn mal einer auf Urlaub war,
sah er zu Hause die dicken Bäuche.
Und es fraßen dort um sich wie eine Seuche
der Tanz, die Gier, das Schiebergeschäft.
Und die Horde alldeutscher Skribenten kläfft:
»Krieg! Krieg!
Großer Sieg!
Sieg in Albanien und Sieg in Flandern!«
Und es starben die andern, die andern, die andern ...

Sie sahen die Kameraden fallen.
Das war das Schicksal bei fast allen:
Verwundung, Qual wie ein Tier, und Tod.
Ein kleiner Fleck, schmutzigrot –
und man trug sie fort und scharrte sie ein.
Wer wird wohl der nächste sein?

Und ein Schrei von Millionen stieg auf zu den Sternen.
Werden die Menschen es niemals lernen?
Gibt es ein Ding, um das es sich lohnt?
Wer ist das, der da oben thront,
von oben bis unten bespickt mit Orden,
und nur immer befiehlt: Morden! Morden! –
Blut und zermalmte Knochen und Dreck ...
Und dann hieß es plötzlich, das Schiff sei leck.

Der Kapitän hat den Abschied genommen
und ist etwas plötzlich von dannen geschwommen.
Ratlos stehen die Feldgrauen da.
Für wen das alles? Pro patria?

Brüder! Brüder! Schließt die Reihn!
Brüder! das darf nicht wieder sein!
Geben sie uns den Vernichtungsfrieden,
ist das gleiche Los beschieden
unsern Söhnen und euern Enkeln.
Sollen die wieder blutrot besprenkeln
die Ackergräben, das grüne Gras?
Brüder! Pfeift den Burschen was!
Es darf und soll so nicht weitergehen.
Wir haben alle, alle gesehen,
wohin ein solcher Wahnsinn führt –

Fragile

Das Feuer brannte, das sie geschürt.
Löscht es aus! Die Imperialisten,
die da drüben bei jenen nisten,
schenken uns wieder Nationalisten.
Und nach abermals zwanzig Jahren
kommen neue Kanonen gefahren. –
Das wäre kein Friede.

                                        Das wäre Wahn.

Der alte Tanz auf dem alten Vulkan.
Du sollst nicht töten! hat einer gesagt.
Und die Menschheit hörts, und die Menschheit klagt.
Will das niemals anders werden?
Krieg dem Kriege!

                                      Und Friede auf Erden.

Lied fürs Grammophon   Theobald Tiger

Gib mir deine Hand,
    Lucindy!
Du, im fernen Land –
    Lucindy!
Wie die Ätherwellen flitzen
über Drähte, wo die Raben sitzen,
    saust meine Liebe dir zu ...
    du –
    tu – tu – tu – mmm –

Wenn du mich liebst, so singt dein Blut,
    Lucindy!
Ach, wenn du nicht da bist, bin ich dir so gut,
    Lucindy!
Dein, dein Lächeln lässt mir keine Ruh ...
    Man kann von oben lächeln,
    man kann von unten lächeln,
    man kann daneben lächeln –
        wie lächelst du?
    tu – tu – tu – mmm –

Meine, die will mich verlassen,
    Lucindy!
Deiner, der will dich fassen,
    Lucindy!
Kehr zu ihm zurück!
Vielleicht ist das das Glück ...
    Ich guck in den Mond immerzu –
    oh, so blue – mmm –

Wie man auch setzt im Leben,
    Lucindy!
man tippt doch immer daneben,
    Lucindy!
Wir sitzen mit unsern Gefühlen
meistens zwischen zwei Stühlen –
und was bleibt, ist des Herzens Ironie ...
    Lucindy!
    Lucindy!
    Lucindy –!

Berlin! Berlin!

Ignaz Wrobel

> Quanquam ridentem dicere
> verum Quid vetat?

Über dieser Stadt ist kein Himmel. Ob überhaupt die Sonne scheint, ist fraglich; man sieht sie jedenfalls nur, wenn sie einen blendet, will man über den Damm gehen. Über das Wetter wird zwar geschimpft, aber es ist kein Wetter in Berlin.

Der Berliner hat keine Zeit. Der Berliner ist meist aus Posen oder Breslau und hat keine Zeit. Er hat immer etwas vor, er telefoniert und verabredet sich, kommt abgehetzt zu einer Verabredung und etwas zu spät – und hat sehr viel zu tun.

In dieser Stadt wird nicht gearbeitet –, hier wird geschuftet. (Auch das Vergnügen ist hier eine Arbeit, zu der man sich vorher in die Hände spuckt, und von dem man etwas haben will.) Der Berliner ist nicht fleißig, er ist immer aufgezogen. Er hat leider ganz vergessen, wozu wir eigentlich auf der Welt sind. Er würde auch noch im Himmel – vorausgesetzt, dass der Berliner in den Himmel kommt – um viere ›was vorhaben‹.

Manchmal sieht man Berlinerinnen auf ihren Balkons sitzen. Die sind an die steinernen Schachteln geklebt, die sie hier Häuser nennen, und da sitzen die Berlinerinnen und haben Pause. Sie sind gerade zwischen zwei Telefongesprächen oder warten auf eine Verabredung oder haben sich – was selten vorkommt – mit irgend etwas verfrüht – da sitzen sie und warten. Und schießen dann plötzlich, wie der Pfeil von der Sehne – zum Telefon – zur nächsten Verabredung.

Diese Stadt zieht mit gefurchter Stirne – sit venia verbo! – ihren Karren im ewig selben Gleis. Und merkt nicht, dass sie ihn im Kreise herumzieht und nicht vom Fleck kommt.

Der Berliner kann sich nicht unterhalten. Manchmal sieht man zwei Leute miteinander sprechen, aber sie unterhalten sich nicht, sondern sie sprechen nur ihre Monologe gegeneinander. Die Berliner können auch nicht zuhören. Sie warten nur ganz gespannt, bis der andere aufgehört hat, zu reden, und dann haken sie ein. Auf diese Weise werden viele berliner Konversationen geführt.

Die Berlinerin ist sachlich und klar. Auch in der Liebe. Geheimnisse hat sie nicht. Sie ist ein braves, liebes Mädel, das der galante Ortsliederdichter gern und viel feiert.

Der Berliner hat vom Leben nicht viel, es sei denn, er verdiente Geld. Geselligkeit pflegt er nicht, weil das zu viel Umstände macht – er kommt mit seinen Bekannten zusammen, beklatscht sich ein bisschen und wird um zehn Uhr schläfrig.

Der Berliner ist ein Sklave seines Apparats. Er ist Fahrgast, Theaterbesucher, Gast in den Restaurants und Angestellter. Mensch weniger. Der Apparat zupft und zerrt an seinen Nervenenden, und er gibt hemmungslos nach. Er tut alles, was die Stadt von ihm verlangt – nur leben ... das leider nicht.

Der Berliner schnurrt seinen Tag herunter, und wenns fertig ist, dann ists Mühe und Arbeit gewesen. Weiter nichts. Man kann siebzig Jahre in dieser Stadt leben, ohne den geringsten Vorteil für seine unsterbliche Seele.

Früher war Berlin einmal ein gut funktionierender Apparat. Eine ausgezeichnet angefertigte Wachspuppe, die selbsttätig Arme und Beine bewegte, wenn man zehn Pfennig oben hineinwarf. Heute kann man viele Zehnpfennigstücke hineinwerfen, die Puppe bewegt sich kaum – der Apparat ist eingerostet und arbeitet nur noch träge und langsam.

Denn gar häufig wird in Berlin gestreikt. Warum –? So genau weiß man das nicht. Manche Leute sind dagegen, und manche Leute sind dafür. Warum –? So genau weiß man das nicht.

Die Berliner sind einander spinnefremd. Wenn sie sich nicht irgendwo vorgestellt sind, knurren sie sich in der Straße und in den Bahnen an, denn sie haben miteinander nicht viel Gemeinsames. Sie wollen voneinander nichts wissen, und jeder lebt ganz für sich.

Berlin vereint die Nachteile einer amerikanischen Großstadt mit denen einer deutschen Provinzstadt. Seine Vorzüge stehen im Baedeker.

In der Sommerfrische sieht der Berliner jedes Jahr, dass man auch auf der Erde leben kann. Er versuchts vier Wochen, es gelingt ihm nicht – denn er hat es nicht gelernt und weiß nicht, was das ist: leben – und wenn er

dann wieder glücklich auf dem Anhalter Bahnhof landet, blinzelt er seiner Straßenbahnlinie zu und freut sich, dass er wieder in Berlin ist. Das Leben hat er vergessen.

Die Tage klappern, der Trott des täglichen Getues rollt sich ab – und wenn wir nun hundert Jahre dabei würden, wir in Berlin, was dann –? Hätten wir irgend etwas geschafft? gewirkt? Etwas für unser Leben, für unser eigentliches, inneres, wahres Leben, gehabt? Wären wir gewachsen, hätten wir uns aufgeschlossen, geblüht, hätten wir gelebt –?

Berlin! Berlin!

Als der Redakteur bis hierher gelesen hatte, runzelte er leicht die Stirn, lächelte freundlich und sagte wohlwollend zu dem vor ihm stehenden jungen Mann: »Na, na, na! Ganz so schlimm ist es denn aber doch nicht! Sie vergessen, dass auch Berlin doch immerhin seine Verdienste und Errungenschaften hat! Sachte, sachte! Sie sind noch jung, junger Mann!«

Und weil der junge Mann ein wirklich höflicher junger Mann war, wegen seiner bescheidenen Artigkeit allgemein beliebt und hochgeachtet, im Besitze etwas eigenartiger Tanzstundenmanieren, die er im vertrauten Kreise für gute Formen ausgab, nahm er den Hut ab (den er im Zimmer aufbehalten hatte), blickte gerührt gegen die Decke und sagte fromm und fest: »Gott segne diese Stadt!«

Heute zwischen Gestern und Morgen

Theobald Tiger

Wie Gestern und Morgen
sich mächtig vermischen!
Hier ein Stuhl – da ein Stuhl –
und wir immer dazwischen!
    Liebliche Veilchen im März –
        Nicht mehr.
    Proletarier-Staat mit Herz –
        Noch nicht.
Noch ist es nicht so weit.
    Denn wir leben –
        denn wir leben
            in einer Übergangszeit –!

Geplappertes A – B – C
bei den alten Semestern.
Fraternité – Liberté –
ist das von gestern?
    Festgefügtes Gebot?
        Nicht mehr.
    Flattert die Fahne rot?
        Noch nicht.
Noch ist es nicht so weit.
    Denn wir leben –
        denn wir leben
            in einer Übergangszeit –!

Antwort auf Fragen
wollen alle dir geben.
Du musst es tragen:
ungesichertes Leben.
    Kreuz und rasselnder Ruhm –
        Nicht mehr.
    Befreiendes Menschentum –
        Noch nicht.
Noch ist es nicht so weit.
    Denn wir leben –
        denn wir leben
            in einer Übergangszeit –!

Das menschliche Paris

Peter Panter

> Dienst ist Dienst, und Schnaps ist Schnaps.
> Deutsches Soldatenwort
>
> »Vous m'excusez, monsieur, que je vous d'érange ...«
> Eine französische Bettlerin

Worin besteht der Zauber von Paris? In der Architektur? In der silbrigen Luft? In der Mode? In den Frauen? Im Sekt? In all dem zusammen? Nein.

Das, was die einzige Atmosphäre dieser Stadt ausmacht, ist ihre Menschlichkeit.

Wenn man aus Deutschland kommt, versteht man es erst gar nicht. Wir sind doch gewöhnt, dass ein Gasbeamter ein Gasbeamter ist und weiter nichts – dass ein Gerichtsdiener Gerichtsdiener, ein Schaffner Schaffner und ein Billettverkäufer Billettverkäufer ist. Wenn sie wirklich die starre Maske des ›Dienstes‹ ein wenig lüften, so geschieht das meistens, um Unhöflichkeiten zu sagen. Herr Triebecke hat sich eine bunte Mütze aufgesetzt, und Herr Triebecke ist völlig verschwunden: Vorhanden ist nur noch einer, der ›seinen Dienst macht‹. Ja, die freiwillige Einordnung in jede Kollektivität, in der man sich geborgen fühlt, geht so weit, dass man in deutschen Diskussionen oft zu hören bekommt: »Ich als Schleswig-Holsteiner«, »Ich als mittlerer Beamter« und sogar: »Ich als Vater ... «

Nur, einfach:

›Ich‹, ich als Mensch – das ist selten.

Es ist sehr bequem so. Aber hinter den Bergen wohnen auch Leute, und sie denken darin ganz anders. Es ist sehr preußisch gedacht, wenn man sich nach dem Ausschluss der starren Dienstauffassung gleich das Chaos vorstellt. Entweder – oder. »Na, soll vielleicht der Weichensteller im Dienst Zeitungen lesen?« – Nein. Aber er soll ein Mensch sein, der Weichen stellt, und kein Beamter, der – an besonders hohen Feiertagen – auch ›mal Mensch‹ ist.

Paris hat Herz. Das geradezu lächerliche Zerrbild, das der Völkische sich und andern von Franzosen an die Wand malt, ist nicht einmal eine Karikatur – es ist blanker Unsinn. Es ist objektiv so falsch wie etwa eine Schilderung der Eskimos, die besagte: »Der Eskimo ist ein stiller Privatgelehrter, der sein Leben in den kleinen überhitzten Kollegräumen seiner Universität verbringt.« Der Franzose ist kein Spiegelaffe – der Franzose ist ein Mensch. Und lebt sein Leben mit einer leichten Freude, mit einer Innigkeit, mit einer herzlichen Liebe zur Natur und den anderen Menschen, die wir fast vergessen haben.

Es ist mir bekannt, dass unsere entsetzlichen wirtschaftlichen Zustände da herangezogen werden. Das ist nicht ganz richtig. Ich habe das Berlin vor dem Kriege sehr genau gekannt – es konnte sich auch damals mit

Paris nicht vergleichen. Ich will Ihnen ein paar Beispiele geben:

Die pariser Métro ist stippevoll. In der zweiten Klasse quetschen sich die Leute wie die Heringe – wir Berliner kennen das. Sie hören fast nie ein böses Wort. Es mag wohl hier oder da einmal vorkommen, dass eine ganz leise, ganz höfliche Diskussion anhebt ... Aber die körperliche Berührung gilt hier nicht als eine Beleidigung, die – unter Rittern – nur mit Blut abgewaschen werden kann, sondern es drängen und pressen sich gewissermaßen Mitglieder einer Familie. Man ist nicht gerade übermäßig vergnügt, so zu stehen – aber man nimmt es hin. Auch ist man nicht so von Offensivgeist durchtränkt wie in Deutschland. Ich besinne mich, kurz vor meiner Abfahrt in einem Charlottenburger Bäckerladen gewesen zu sein – es war in einer sehr feinen Gegend, am Reichskanzlerplatz – und da war alles aufeinander böse: die Kunden, der Meister, die Bäckerjungen und die Hörnchen. Ohne jeden Grund übrigens. Das habe ich hier noch nie gefunden. In der Elektrischen, draußen im Südosten der Stadt, gab neulich eine dicke Frau mit vielen Markttaschen dem Schaffner eine Handvoll Kirschen – und niemand fand etwas dabei, es war die natürlichste Sache von der Welt. Und das war kein Trinkgeld oder seine Ersparnis – es war einfach Nettigkeit, die der Schaffner auch ganz richtig auffasste: Er freute sich, weil die Kirschen so schön rot waren, steckte sie ein, und alle Passagiere hätten sicherlich ebenso wie die dicke Frau gehandelt. Natürlich. Und es ist eben nicht jene übertünchte Höflichkeit, hinter der weiß Gott welche Bestie steckt, gezähmt durch die gedrechselten Formen französischer Tradition. Das ist nicht wahr. Denn es ist sehr bezeichnend, dass gerade der kleine Mann, der Handwerker, die Gemüsefrau, der Arbeiter – dass gerade sie fast immer höflich, herzlich und natürlich sind. Und das Familiäre guckt überall hindurch – man begegnet selten der absolut abweisenden Härte.

Obgleich es die sicherlich auch gibt. Denn es wäre grundverkehrt, nun die Franzosen zu Idealmenschen zu stempeln, und ich mag diese deutschen Literaten und Reisenden gar nicht, die hier in jedem Aschbecher ein ›echt französisches Dokument alter Tradition‹ sehen. (Besonders die Kunsthändler sollte man in dieser Beziehung einzeln und sorgfältig totschießen.) Ich finde den Typus dieser bedingungslos begeisterten Franzosenlecker genau so übel wie die vorpommerschen Landrichter, die von Frankreich zwar nichts wissen, aber furchtbar darauf schimpfen. Man muss die Dinge auch einmal abseits von der Ruhr und abseits von Picasso sehen können.

Und da sieht Paris so aus:

Der Franzose ist ein bürgerlicher Mensch. Ein Mensch, der, weil es so viele Fremde in Paris gibt, sehr höflich und nett mit aller Welt ist, aber im Grunde sehr abgeschlossen und sehr zurückhaltend lebt. Es gibt in allem Ausnahmen. Es gibt auch hier Postbeamte, die vor lauter Beamtenhochmut nicht antworten, wenn man sie außerhalb ihrer Dienststunden etwas fragt – aber sie sind nicht der Typus. Es gibt auch hier sicherlich Missgriffe, Irrtümer, menschliche Niederträchtigkeiten … Ich bin keine Frau und weiß nicht, inwieweit eine alleinstehende Dame in einem Arbeiterviertel geschützt ist. Mein Eindruck ist, dass ihr unter normalen Verhältnissen kein Mensch etwas tun wird – ich habe hier noch nie beobachtet, dass man eine anständige Frau auf der Straße belästigt hätte. Was aber viel, viel wichtiger als alles dieses ist:

Die Leute sind nicht nur höflich, sie sind herzlich. Fragen Sie um Rat – Sie werden ihn fast immer, auch von wildfremden Leuten, bekommen. Ich bin in Vierteln, die ich nie gesehen hatte, in die Läden gegangen, habe eine Kleinigkeit gekauft und die Leute nach den dortigen Wohnungsverhältnissen gefragt – sie haben mir immer ausführlich, der Wahrheit gemäß und entgegenkommend geantwortet. Was sie nicht ›nötig‹ hatten – nein, gewiss nicht. Aber hier ist, primär, ein Mensch zum andern erst einmal höflich – und nur, wenn es einen Zwischenfall gibt, weicht das. Zwei, drei, vier Mal ist es mir begegnet, dass ein kleiner Ladenbesitzer nicht das Gewünschte führte.

Immer – ohne jede Ausnahme – hat man mir freundlich Bescheid gesagt, wo ich die Ware sonst kaufen könnte – mitunter kam der Mann oder die Frau selbst mit heraus und zeigte mir Richtung und Weg.

Dazu kommt ein andres. Der Pariser führt sein Leben, ganz ehrlich, so, wie es ist, wie er es sich leisten kann. Nicht darüber und nicht darunter. Ein Freund erzählte mir, dass ihm im Zuge nach Paris der Sohn eines reichen Seidenfabrikanten Auskünfte über die Lokale in Paris erteilt hätte. Über manche wusste er nicht Bescheid. »Ça – c'est pour les gens du monde.« Dazu zählte er sich nicht. Die Gens du monde waren für ihn nicht höher und nicht tiefer – aber anders. Und aus dieser menschlichen Natürlichkeit, die soundso oft zu erkennen gibt: Dazu haben wir kein Geld – entspringt eine viel größere Ehrlichkeit im Verkehr. In den allermeisten Fällen kann man darauf schwören, dass das sichtbare gesellschaftliche Milieu auch der wirklichen Vermögenslage entspricht – denn es gibt keinen, für den man ein andres vorzutäuschen hätte. Sie leben ihr Leben ohne Anführungsstriche – sie verteilen ihre Ausgaben anders als wir, geben zum Beispiel für die Wohnung prozentual mehr Geld aus – aber das tun alle, und so gleicht sich das aus.

Und auch in den Familien findet man hier einen viel natürlicheren Ton als bei uns. Ich spreche nicht von den großen Salons, in denen sehr reiche, sehr bekannte Leute von Welt verkehren – sondern gerade von Frau Machin und Madame Chose. Da ist alles viel natürlicher, viel freier – nicht gespreizt und nicht feierlich oder prätentiös aufgemacht. Es ist eine Stadt der Menschlichkeit.

Und man fühlt in Paris nach einiger Zeit, wenn man gemerkt hat, dass einem keiner an den Nerven zerrt, dass alles glatt und angenehm vonstatten geht, dass das Dasein gleitet und nicht hakt – man empfindet, wie einfach im Grunde das Leben ist. Was wollen wir denn alle Großes? Gesundheit; die Mittel, die nötig sind, um in unserer Klasse zu leben; keine übermäßigen menschlichen Katastrophen in der Liebe oder mit den Kindern – schließlich, so erheblich sind unsere Ansprüche gar nicht. Und anfangs empfand ich das pariser Glück immer als etwas Negatives: keine Nervosität und keine unhöflichen Menschen in der Untergrundbahn und keine endlosen Schwierigkeiten, wenn ich einmal nachts nach Hause fahren wollte, und keine Rempeleien in Lokalen.

Heute weiß ich, was es ist: Es ist die einfache, leichte und natürliche Menschlichkeit des Parisers.

Trunkenes Lied Theobald Tiger

Der Igel sprach zum Oberkellner:
»Bedienen Sie mich ein bisschen schnellner!
Suppe – Gemüse – Rostbeaf – und Wein!
Ich muss in den Deutschen Reichs-Igel-Verein!«

Da sprach der Oberkellner zum Igel:
»Ich hab so ein komisches Gefiegel –
ich bediene sonst gerne, prompt und coulant,
aber ich muss in den Oberkellner-Verband!«

Der Igel saß stumm, ohne zu acheln,
und sträubte träumerisch seine Stacheln –
Messer und Gabel rollten über die Decke.
Sie rollten zum Reichsverband Deutscher Bestecke.

Des wunderte der Igel sich.
Er ging in ›Für Herren‹ züchtiglich;
doch der Alte, der dort reine macht,
war auf der Deutschen Klosettmänner-Nacht.

Ein Rauschen ging durch des Igels Stoppeln –
er tät bedrippt nach Hause hoppeln
    und sprach unterwegs
    (und aß einen Keks):
»Ich wohne gern. Aber seit ich in Deutschland wohne,
ist mein igeliges Leben gar nicht ohne.
Sie sind stolz, weil sie sich in Gruppen mühn –
doch sie sind nur gestörte Individühn.
Menschen? Mitglieder sind diese Leute.
Unsern täglichen Verband gib uns heute!
         Amen.«
            (sagte der Igel).

Vor Verdun

Ignaz Wrobel

Längs der Bahn tauchen die ersten Haustrümmer auf – ungefähr bei Vitry fängt das an. Ruinen, dachlose Gebäude, herunterhängender Mörtel, Balken, die in die Luft ragen. Nur eine kleine Partie – dann präsentiert sich die Gegend wieder ordentlich und honett, sauber und schön aufgebaut. Viele Häuser scheinen neu. Der Zug hält. Auf dem Nebengleis steht ein Waggon, ›FUMEURS‹ steht an einer Tür. Ein Pfosten verdeckt die ersten beiden Buchstaben, man kann nur den Rest des Wortes lesen.

Verdun, eine kleine Stadt der Provinz. Hat in der neuen Zeit schon einmal daran glauben müssen: im Jahre 1870. Die Besatzung, die damals mit allen militärischen Ehren kapitulierte, zog ab, und die Stadt kam unter deutsche Verwaltung. Der deutsche Beamte, der ihr und dem Departement der Meuse vorgesetzt war, trug den Namen: von Bethmann Hollweg.

Man kann ein kleines Heft kaufen: *Verdun vorher und nachher*. Es muss eine hübsche, nette und freundliche Stadt gewesen sein, mit kleinen Häuserchen am Fluss, einer Kathedrale, dem Auf und Ab der Wege auf dem welligen Terrain. Und nach jedem Bild von damals ist ein andres eingefügt. So schlimm sieht es jetzt nicht mehr aus: vieles ist aufgebaut, manche Teile haben gar nicht gelitten, das Rathaus ist fast unversehrt geblieben. Aber es handelt sich ja nicht um Verdun, nicht um die kleine Stadt. Um Verdun herum lagen vierunddreißig Forts.

Gleich am Ausgang der Stadt die Zitadelle. Sie ist in den Fels gehauen, eine riesige Anlage mit Gängen, die in ihrer Gesamtlänge sechzehn Kilometer ausmachen. Dies und jenes darf man sich ansehen. Schlafräume der Soldaten und Offiziere, heizbar und mit elektrischem Licht. Hier, in diesem Verschlag, hat der General Pétain geschlafen. Ein kleiner Raum, mit Holzwänden, oben offen – Waschgeschirr, Eimer und das Bett stehen noch da. Daneben lagen in kleinen Kabinen zu vieren die Offiziere. In einem Saal steht ein langer Tisch. Auf dem standen in Särgen die Überreste von acht unbekannten Kadavern, und ein Militär legte einen Blumenstrauß auf den einen: das wurde der soldat inconnu, der heute unter dem Arc de Triomphe zu Paris begraben liegt. Die sieben andern ruhen in einem gemeinschaftlichen Grab auf dem Kirchhof Faubourg Pavé bei Verdun. Das Bombardement hat der Felszitadelle nichts anhaben können – außen haben sich wohl Mauersteine gelockert, innen ist alles intakt geblieben. Und dann fahren wir hinaus, ins Freie.

Es ist eine weite, hügelige Gegend, mit viel Buschwerk und gar keinem Wald. Immer, wenn man auf eine Anhöhe kommt, kann man weit ins Land hineinsehen. Hier ist eine Million Menschen gestorben.

Hier haben sie sich bewiesen, wer recht hat in einem Streit, dessen Ziel und Zweck schon nach Monaten keiner mehr erkannte. Hier haben die Konsumenten von Krupp und Schneider-Creusot die heimischen Industrien gehoben.

(Und wer wen dabei beliefert hatte, ist noch gar nicht einmal sicher.)

Auf französischer Seite sind vierhunderttausend Menschen gefallen; davon sind annähernd dreihunderttausend nicht mehr auffindbar, vermisst, verschüttet, verschwunden ... Die Gegend sieht aus wie eine mit Gras bewachsene Mondlandschaft, die Felder sind fast gar nicht bebaut, überall liegen Gruben und Vertiefungen, das sind die Einschläge. An den Wegen verbogene Eisenteile, zertrümmerte Unterstände, Löcher, in denen einst Menschen gehaust haben. Menschen? Es waren kaum noch welche.

Da drüben, bei Fleury, ist ein Friedhof, in Wahrheit ein Massengrab. Zehntausend sind dort untergebracht worden – zehntausendmal ein Lebensglück zerstört, eine Hoffnung vernichtet, eine kleine Gruppe Menschen unglücklich gemacht. Hier war das Niemandsland: drüben auf der Höhe lagen die Deutschen, hüben die Franzosen – dies war unbesetzt. Lerchen haben sich in die Luft hinaufgeschraubt und singen einen unendlichen Tonwirbel. Ein dünner Fadenregen fällt.

Der Wagen hält. Diese kleine Hügelgruppe: das ist das Fort Vaux. Ein französischer Soldat führt, er hat eine Karbidlampe in der Hand. Einer raucht einen beißenden Tabak, und man wittert die Soldatenatmosphäre, die überall gleich ist auf der ganzen Welt: den Brodem von Leder, Schweiß und Heu, Essensgeruch, Tabak und

Menschenausdünstung. Es geht ein paar Stufen hinunter.

Hier. Um diesen Kohlenkeller haben sich zwei Nationen vier Jahre lang geschlagen. Da war der tote Punkt, wo es nicht weiter ging, auf der einen Seite nicht und auf der andern auch nicht. Hier hat es haltgemacht. Ausgemauerte Galerien, mit Beton ausgelegt, die Wände sind feucht und nässen. In diesem Holzgang lagen einst die Deutschen; gegenüber, einen Meter von ihnen, die Franzosen. Hier morden sie, Mann gegen Mann, Handgranate gegen Handgranate. Im Dunkeln, bei Tag und bei Nacht. Da ist die Telefonkabine. Da ist ein kleiner Raum, in dem wurde wegen der Übergabe parlamentiert. Am 8. Juni 1916 fiel das Fort. Fiel? Die Leute mussten truppweise herausgehackt werden, mit den Bajonetten, mit Flammenwerfern, mit Handgranaten und mit Gas. Sie waren die letzten zwei Tage ohne Wasser. An einer Mauer ist noch eine deutsche Inschrift, mit schwarzer Farbe aufgemalt, schwach zu entziffern. Und dann gehen wir ins Verbandszimmer.

Es ist ein enges Loch, drei Tische mögen darin Platz gehabt haben. Einer steht noch. An den Wänden hängen kleine Schränke. Oben ist, durch eine Treppe erreichbar, der Alkoven des Arztes. Ich habe einmal die alte Synagoge in Prag besucht, halb unter der Erde, wohin sich die Juden verkrochen, wenn draußen die Steine hagelten. Die Wände haben die Gebete eingesogen, der Raum ist voll Herzensnot. Dieses hier ist viel furchtbarer.

An den Wänden kleben die Schreie – hier wurde zusammengeflickt und umwickelt, hier verröchelte, erstickte, verbrüllte und krepierte, was oben zugrunde gerichtet war. Und die Helfer? Welcher doppelte Todesmut, in dieser Hölle zu arbeiten! Was konnten sie tun? Aus blutdurchnässten Lumpen auswickeln, was noch an Leben in ihnen stak, das verbrannte und zerstampfte Fleisch der Kameraden mit irgendwelchen Salben und Tinkturen bepinseln und schneiden und trennen, losmeißeln und amputieren ...

Linderung? Sie wussten ja nicht einmal, ob sie diese Stümpfe noch lebendig herausbekämen! Manchmal war alles abgeschnitten. Die Wasserholer, die Meldegänger – wohl eine der entsetzlichsten Aufgaben des Krieges, hier waren die wahren Helden, nicht im Stabsquartier! –, die Wasserholer, die sich, mit einem Blechnapf in der Hand, aufopferten, kamen in den seltensten Fällen zurück. Und der nächste trat an ... Wir sehen uns in dem leeren, blankgescheuerten Raum um. Niemand spricht ein Wort. Oben an dem Blechschirm der elektrischen Lampe sind ein paar braunrote Flecke. Wahrscheinlich Rost ...

Vor dem Tor hat man für einige der Gefallenen Gräber errichtet, das sind seltene Ausnahmen, sie liegen allein, und man weiß, wer sie sind. An einem hängt ein kleiner Blechkranz mit silbernen Buchstaben: Mon mari.

Und an einem Abhang stehen alte Knarren, die flachen, schiefgeschnittenen Feldflaschen der Franzosen, verrostet, zerbeult, löcherig. Das wurde einmal an die durstigen

Lippen gehalten. Wasser floss in einen Organismus, damit er weitermorden konnte. Weiter, weiter –!

Drüben liegt das Fort Douaumont, das überraschend fiel; da die Höhe 304; da das Fort de Tavannes. Teure Namen, wie? Einem alten Soldaten, der hier gestanden hat und lebendig herausgekommen ist, muss merkwürdig zumute sein, wenn er jetzt diese Gegend wiedersieht, still, stumpf, kein Schuss. Weit da hinten am Horizont raucht das, was dem deutschen Idealismus 1914 so sehr gefehlt hat: das Erzlager von Briey. Und wir fahren weiter.

Die Sturmreihen sind in die Erde versunken, die armen Jungen, die man hier vorgetrieben hat, wenn sie hinten als Munitionsdreher ausgedient hatten. Hier vorn arbeiteten sie für die Fabrikherren viel besser und wirkungsvoller. Die Rüstungsindustrie war ihnen Vater und Mutter gewesen; Schule, Bücher, die Zeitung, die dreimal verfluchte Zeitung, die Kirche mit dem in den Landesfarben angestrichenen Herrgott – alles das war im Besitz der Industriekapitäne, verteilt und kontrolliert wie die Aktienpakete. Der Staat, das arme Luder, durfte die Nationalhymne singen und Krieg erklären. Gemacht, vorbereitet, geführt und beendet wurde er anderswo.

Und die Eltern? Dafür Söhne aufgezogen, Bettchen gedeckt, den Zeigefinger zum Lesen geführt, Erben eingesetzt? Man müsste glauben, sie sprächen: Weil ihr uns das einzige genommen habt, was wir hatten, den Sohn – dafür Vergeltung! Den Sohn, die Söhne haben sie ziemlich leicht hergegeben. Steuern zahlen sie weniger gern.

Denn das Entartetste auf der Welt ist eine Mutter, die darauf noch stolz ist, das, was ihr Schoß einmal geboren, im Schlamm und Kot umsinken zu sehen. Bild und Orden unter Glas und Rahmen – »mein Arthur!« Und wenns morgen wieder angeht –?

Der Führer nennt Namen und Zahlen. Er zeigt weit über das Land: da hinten, da ganz hinten lag das Quartier des Kronprinzen. Ein bisschen fern vom Schuss – aber ich weiß: das bringt das Geschäft so mit sich. Und das war früher auch so: die Söhne hatten schon damals die Zentrale für Heimatdienst. Bäume stecken ihre hölzernen Stümpfe in die Luft, die Verse von Karl Kraus klingen auf: »Ich war ein Wald. Ich war ein Wald.« Das Buschwerk sprießt, überall zieht sich Stacheldraht zwischendurch. An einer Stelle steht ein Denkmal, ein verendeter Löwe. Das war der Punkt, bis zu dem die Deutschen vorgedrungen sind. (Übrigens findet sich nirgends auch nur die leiseste Beschimpfung des Gegners – immer und überall, in den Schilderungen, den Beschreibungen, den Aufschriften wird der Feind als ein kämpfender Soldat geachtet und niemals anders bezeichnet.) Bis hierher ging es also. Das Reich erstreckte sich damals von Berlin bis zu dieser Stelle. Abschiedsküsse auf dem Bahnhof, die Fahrt – 8 Pferde oder 40 Mann – und dann der Tod in diesen Feldern. Dies war der letzte Zipfel.

Und dahinter das Land. Da lag dieses ungeheure Heerlager, dieser Jahrmarkt der Eitelkeiten, diese Konzentration von Roheit, Stumpfsinn, Amtsverbrechen, falsch verstande-

ner Heldenhaftigkeit; da fuhren, marschierten, rollten, telefonierten, schufteten und schossen die als Soldaten verkleideten Uhrmacher, Telegrafensekretäre, Gewerkschaftler, Oberlehrer, Bankbeamten, geführt und führend, betrügend und betrogen, mordend, ohne den Feind zu sehen, in der Kollektivität tötend, die Verantwortung immer auf den nächsten abschiebend. Es war eine Fabrik der Schlacht, eine Mechanisierung der Schlacht, überpersönlich, unpersönlich. ›Die Division‹ wurde eingesetzt, hineingeworfen – die Werfer blieben draußen –, sie wurde wieder herausgezogen. Achilles und Hektor kämpften noch miteinander; dieser Krieg wurde von der Stange gekauft. Und archaistisch war nur noch die Terminologie, mit der man ihn umlog: das blitzende Schwert, die flatternden Fahnen, die gekreuzten Klingen. Landsknechte? Fabrikarbeiter
des Todes.

Der Horizont ist grau, es ist, als sei kein Leben mehr in diesem Landstrich.

Da kämpften sie, Brust an Brust: Proletarier gegen Proletarier, Klassengenossen gegen Klassengenossen, Handwerker gegen Handwerker. Da zerfleischten sich einheitlich aufgebaute ökonomische Schichten, da wütete das Volk gegen sich selbst, ein Volk, ein einziges: das der Arbeit. Hinten rieben sich welche voller Angst die Hände.

Ein Mauerwerk taucht auf, das ist das Denkmal über der Tranchée des Baïonettes. Am 11. Juni 1916 wurde hier die Besatzung dieses Grabens – es war die zweite Linie

– verschüttet. Keiner entrann. Man fand sie so, unter der Erde, nur die Bajonette ragten aus der Erde. Der Graben ist seit diesem Tag so erhalten; ein Amerikaner, Herr Georges F. Rand, hat einen großen grauen Steinbau darüber errichten lassen. Unten, auf dem zugeschütteten Graben, stehen ein paar Kreuze, liegen Kränze und ragen die Bajonette. Drei Mann müssen außerhalb des Grabens postiert gewesen sein; die Läufe ihrer Gewehre ragen ein paar Zentimeter hoch aus dem Boden, man stolpert über sie. Eine Mutter kann ihr Kind hierherführen und sagen: »Siehst du? Da unten steht Papa.«

In der Nähe ist ein ossuaire, eine kleine Holzhalle, wo man die Gebeine der Soldaten, die nicht mehr zu identifizieren waren, gesammelt hat. Sie ruhen da, bis eine große Grabkapelle für sie fertiggestellt ist. Die Überbleibsel sind nach Sektoren geordnet. (Was die Offiziere aller Länder anbetrifft, so scheinen sie sämtlich an ansteckenden Krankheiten zugrunde gegangen zu sein – denn warum hat man sie so oft von den Mannschaften abgesondert?) Stereoskope sind aufgestellt mit Bildern aus den Mordtagen. Auf einem ist unter Steintrümmern ein Bein zu sehen. Ein abgerissenes Bein, der Benagelung nach ein deutsches.

Auf einem andern Bild sieht man einen deutschen Gefangenen, einen bärtigen, schlecht genährt aussehenden Mann. Er steht bis zu den Hüften im Graben, er hat kein Koppel mehr, er wartet, was nun noch mit ihm geschehen kann. Im Vordergrund ragen ein Paar Stiefel aus dem Schlamm und ein halber Körper. Den kann man nicht mehr gefangennehmen. Die Franzosen und der Deutsche stehen da zusammen, der Betrachter muss glauben, einen Haufen Wahnsinniger vor sich zu haben. Und das waren sie ja wohl auch.

Jetzt regnet es in dichten Strömen. Der Wagen rollt. Der Schlamm spritzt. Und immer wieder Stacheldraht, Steinbrocken, verrostetes Eisen, Wellblech.

Ist es vorbei –?

Sühne, Buße, Absolution? Gibt es eine Zeitung, die heute noch, immer wieder, ausruft: »Wir haben geirrt! Wir haben uns belügen lassen!«? Das wäre noch der mildeste Fall. Gibt es auch nur eine, die nun den Lesern jahrelang das wahre Gesicht des Krieges eingetrommelt hätte, so, wie sie ihnen jahrelang diese widerwärtige Mordbegeisterung eingebleut hat? »Wir konnten uns doch nicht beschlagnahmen lassen!« Und nachher? Als es keinen Zensor mehr gab? Was konntet ihr da nicht? Habt ihr einmal, ein einziges Mal nur, wenigstens nachher die volle, nackte, verlaust-blutige Wahrheit gezeigt? Nachrichten wollen die Zeitungen, Nachrichten wollen sie alle. Die Wahrheit will keine.

Und aus dem Grau des Himmels taucht mir eine riesige Gestalt auf, ein schlanker und ranker Offizier, mit ungeheuer langen Beinen, Wickelgamaschen, einer schnittigen Figur, den Scherben im Auge. Er feixt. Und kräht mit einer Stimme, die leicht überschnappt, mit einer Stimme, die auf den Kasernenhöfen halb Deutschland angepfiffen hat, und vor der sich eine Welt schüttelt in Entsetzen:

»Nochmal! Nochmal! Nochmal –!«

Die Herren Eltern

Theobald Tiger

Ist ein Schullehrer Pazifist
und sagt, wie es in Wahrheit im Kriege ist –:
dass Generale Kriegsinteressenten sind,
ganz gleich, wer verliert; ganz gleich, wer gewinnt ...
dann – sollte man meinen – freun sich die Eltern für ihr Kind?
     Jawoll!

Dann erhebt sich ein ungeheures Elterngeschrei:
»Raus mit dem Kerl! Das ist Giftmischerei!
Unser Junge soll lernen, wie schön die Kriege sind!
Wir warten schon drauf, wann wieder ein neuer beginnt –
und dazu liefern wir gratis und franko 1 Kind!
     Jawoll!«

Die Elternbegeisterung ist ganz enorm.
Die Mütter: aus Liebe zur Uniform.
Die Väter, die Lieferanten für den Schützengraben,
denken: warum sollen denn diese Knaben
es besser als unsereiner haben?
     Nicht wahr?

Die Fabrikation eines Kindes ist nicht sehr teuer.

Aber erhöh mal ein bisschen die Umsatzsteuer –:
dann kreischen die Herren Eltern, dass der Ziegel
   vom Dache fällt.
Man trennt sich leicht vom Kind.
                              Aber schwer vom Geld.
Bekommt das Kind einen Bauchschuss? Das macht ihnen
   keine Schmerzen.
Doch ihr Geld – das lieben die Herren Eltern von Herzen.
   Jawoll!

Mitleid mit den Opfern, die da fallen für Petroleum, für
Fahnen,
   für Gold –?
   Die Herren Eltern haben es so gewollt.

Abends nach sechs

Peter Panter

> Selig, wer sich vor der Welt
> Ohne Hass verschließt;
> Einen Freund am Busen hält
> Und mit dem genießt.

> Was von Menschen nicht gewusst
> Oder nicht bedacht,
> Durch das Labyrinth der Brust
> Wandelt in der Nacht.
> Unbekannter Dichter

Abends nach sechs Uhr gehen im Berliner Tiergarten lauter Leute spazieren, untergefasst und mit den Händen nochmals vorn eingeklammert – die haben alle recht. Das ist so:

Er holt sie vom Geschäft ab oder sie ihn. Das Paar vertritt sich noch ein bisschen die Beine, nach dem langen Sitzen im Büro tut die Abendluft gut. Die grauen Straßen entlang, durch das Brandenburger Tor zum Beispiel – und dann durch den Tiergarten. Was tut man unterwegs? Man erzählt sich, was es tagsüber gegeben hat. Und was hat es gegeben? Ärger.

Nun behauptet zwar die Sprache, man ›schlucke den Ärger herunter‹ – aber das ist nicht wahr. Man schluckt nichts herunter. Im Augenblick darf man ja nicht antworten – dem Chef nicht, der Kollegin nicht, dem Portier nicht; es ist nicht ratsam, der andere bekommt mehr Gehalt, hat also recht. Aber alles kommt wieder – und zwar abends nach sechs.

Das Liebespaar durchwandelt die grünen Laubgänge des Tiergartens, und er erzählt ihr, wie es im Geschäft zugegangen ist. Zunächst der Bericht. Man hat vielleicht schon bemerkt, wie Schlachtberichte solcher Zusammenstöße erstattet werden: der Berichtende ist ein Muster an Ruhe und Güte, und nur der böse Feind ist ein tobsüchtig gewordener Indianer. Das klingt ungefähr folgendermaßen: »Ich sage, Herr Winkler, sage ich – das wird mit dem Ablegen so nicht gehn!« (Dies in ruhigstem Ton von der Welt, mild, abgeklärt und weise.) »Er sagt, erlauben Sie mal! sagt er – ich lege ab, wies mir passt!« (Dies schnell, abgerissen und wild cholerisch.) Nun wieder die Oberste Heeresleitung: »Ich sage ganz ruhig, ich sage, Herr Winkler, sage ich – wir können aber nicht so ablegen, weil uns sonst die C-Post mit der D-Post durcheinanderkommt! Fängt er doch an zu brüllen! Ich hätte ihm gar nichts zu befehlen, und er täte überhaupt nicht, was ihm andere Leute sagten – finnste das –?« Dabei haben natürlich beide spektakelt wie die Marktschreier. Aber manchmal wars der Chef, und dem konnte man doch nicht antworten. Man hat also ›heruntergeschluckt‹ – und jetzt entlädt es sich. »Finnste das?«

Lottchen findet es skandalös. »Hach! Na, weißt du!« Das tut wohl, es ist Balsam fürs leidende Herz – endlich darf man es alles heraussagen! – »Am liebsten hätte ich ihm gesagt: Machen Sie sich Ihren Kram allein, wenns Ihnen nicht passt! Aber ich werde mich doch mit so einem ungebildeten Menschen nicht hinstellen! Der Kerl versteht überhaupt nichts, sage ich dir! Hat keine Ahnung! So, wie ers jetzt macht, kommt ihm natürlich die C-Post in die D-Post – das ist mal bombensicher! Na, mir kanns ja egal sein. Ich weiß jedenfalls, was ich zu tun habe: ich lass ihn ruhig machen – er wird ja sehen, wie weit er damit kommt ... !« – Ein scheu bewundernder Blick streift den reisigen Helden. Er hat recht.

Aber auch sie hat zu berichten. »Was die Elli intrigiert, das kannst du dir überhaupt nicht vorstellen, Fräulein Friedland hat vorgestern eine neue Bluse angehabt, da hat sie am Telefon gesagt, wir habens abgehört –: Man weiß ja, wo manche Kolleginnen das Geld für neue Blusen herhaben! Wie findest du das? Dabei hat die Elli gar keinen Bräutigam mehr! Ihrer ist doch längst weg – nach Bromberg!« Krach, Kampf mit dem zweiten Stock auf der ganzen Linie – Schlachtgetümmel. »Ich hab ja nichts gesagt ... aber ich dachte so bei mir: Na – dacht ich, wo du deine seidenen Strümpfe her hast, das wissen wir ja auch! Weißt du, sie wird nämlich jeden zweiten Abend abgeholt, sie lässt immer das Auto eine Ecke weiter warten ... aber wir haben das gleich rausgekriegt! Eine ganz unverschämte Person ist das!« Da drückt er ihren Arm und sagt: »Na sowas!« Und nun hat sie recht.

So wandeln sie. So gehen sie dahin, die vielen, vielen

Liebespaare im Tiergarten, erzählen sich gegenseitig, klagen sich ihr kleines Leid, und haben alle recht. Sie stellen das Gleichgewicht des Lebens wieder her. Es wäre einfach unhygienisch, so nach Hause zu gehen: mit dem gesamten aufgespeicherten Oppositionsärger der letzten neun Stunden. Es muss heraus. Falsche Abrechnungen, dumme Telefongespräche, verpasste Antworten, verkniffene Grobheiten – es findet alles seinen Weg ins Freie.
Es ist der Treppenwitz der Geschäftsgeschichte, der da seine Orgien feiert. Die blauen Schleier der Dämmerung senken sich auf Bäume und Sträucher, und auf den Wegen gehen die eingeklammerten Liebespaare und töten die Chefs, vernichten den Konkurrenten, treffen die Feindin mitten ins falsche Herz. Das Auditorium ist dankbar, aufmerksam und grenzenlos gutgläubig. Es applaudiert unaufhörlich. Es ruft: »Noch mal!« an den schönen Stellen. Es tötet, vernichtet und trifft mit. Es ist Bundesgenosse, Freund, Bruder und Publikum zu gleicher Zeit. Es ist schön, vor ihm aufzutreten.

Abends nach sechs werden Geschäfte umorganisiert, Angestellte befördert, Chefs abgesetzt und, vor allem, die Gehälter fixiert. Wer würde die Tarife anders regeln? Wer die Gehaltszulagen gerecht bemessen? Wer Urlaub mit Gratifikation erteilen? Die Liebespaare, abends nach sechs.

Am nächsten Morgen geht alles von frischem an. Schön ausgeglichen geht man an die Arbeit, die Erregung von gestern ist verzittert und dahin, Hut und Mantel hängen im Schrank, die Bücher werden zurechtgerückt – wohlan! der Krach kann beginnen. Pünktlich um drei Uhr ist er da – dieselbe Geschichte wie gestern: Herr Winkler will die Post nicht ablegen, Fräulein Friedland zieht eine krause Nase, die Urlaubsliste hat ein Loch, und die Gehaltszulage will nicht kommen. Ärger, dicker Kopf, spitze Unterhaltung am Telefon, dumpfes Schweigen im Büro. Es wetterleuchtet gelb. Der Donner grollt. Der erfrischende Regen aber setzt erst abends ein – mit ihr, mit ihm, untergefasst im Tiergarten.

Da ist Friede auf Erden und den Paaren ein Wohlgefallen, der Angeklagte hat das letzte Wort – und da haben sie alle, alle recht.

Ehekrach
Theobald Tiger

»Ja –!«
»Nein –!«
»Wer ist schuld?
    Du!«
»Himmeldonnerwetter, lass mich in Ruh!«
– »*Du* hast Tante Klara vorgeschlagen!
Du lässt dir von keinem Menschen was sagen!
Du hast immer solche Rosinen!
Du willst bloß, ich soll verdienen, verdienen –
Du hörst nie. Ich red dir gut zu …
Wer ist schuld –?
    Du.«
»Nein.«
»Ja.«

– »*Wer* hat den Kindern das Rodeln verboten?
Wer schimpft den ganzen Tag nach Noten?
Wessen Hemden muss ich stopfen und plätten?
Wem passen wieder nicht die Betten?
Wen muss man vorn und hinten bedienen?
Wer dreht sich um nach allen Blondinen?

                                              Du –!«

»Nein.«
»Ja.«
»Wem ich das erzähle …!

                          Ob mir das einer glaubt –!«
– »Und überhaupt –!«
                »Und überhaupt –!«
                              »Und überhaupt –!«

Ihr meint kein Wort von dem, was ihr sagt:
Ihr wisst nicht, was euch beide plagt.
Was ist der Nagel jeder Ehe?
Zu langes Zusammensein und zu große Nähe.

Menschen sind einsam. Suchen den andern.
Prallen zurück, wollen weiter wandern ...
Bleiben schließlich ... Diese Resignation:
Das ist die Ehe. Wird sie euch monoton?
Zankt euch nicht und versöhnt euch nicht:
Zeigt euch ein Kameradschaftsgesicht
und macht das Gesicht für den bösen Streit
lieber, wenn ihr alleine seid.

Gebt Ruhe, ihr Guten! Haltet still.
Jahre binden, auch wenn man nicht will.
Das ist schwer: ein Leben zu zwein.
Nur eins ist noch schwerer: einsam sein.

Wofür?
Ignaz Wrobel

> Gleich Kindern lasst ihr euch betrügen,
> Bis ihr zu spät erkennt, o weh! –
> Die Wacht am Rhein wird nicht genügen,
> Der schlimmste Feind steht an der Spree.
> Georg Herwegh

Am 1. August habe ich hier auseinandergesetzt, wofür zwölf Millionen Menschen in vier Blutjahren ihr Leben gelassen haben. Die wenigen Zeilen haben genügt, auf einer Tagung des Reichsbanners einen Teil seiner Führer zu einer feierlichen Bannbulle gegen ›*Das Andere Deutschland*‹ zu veranlassen. Nachdem der Streit nun eine Weile hin- und hergegangen ist, scheint es mir, als seinem Veranlasser, richtig, ein paar Worte dazu zu sagen.

Der moderne Krieg hat wirtschaftliche Ursachen. Die Möglichkeit, ihn vorzubereiten und auf ein Signal Ackergräben mit Schlachtopfern zu füllen, ist nur gegeben, wenn diese Tätigkeit des Mordens vorher durch beharrliche Bearbeitung der Massen als etwas Sittliches hingestellt wird. Der Krieg ist aber unter allen Umständen tief unsittlich. Es ist nicht wahr, dass in unsrer Epoche und insbesondere in der Schande von 1914 irgend ein Volk Haus und Hof gegen fremde Angreifer verteidigt hat. Zum Überfall gehört einer, der überfällt, und tatsächlich ist dieses aus dem Leben des Individuums entliehene Bild für den Zusammenprall der Staaten vollkommen unzutreffend.

Wer Zeit und Lust hat, mag einmal einen gebundenen

Jahrgang seines Morgenblattes aus dem Jahr 1914 durchblättern. Im April, im Mai, Anfang Juni wusste auf allen Seiten kein Redakteur und kein Leser, was zwei Monate später geschehen würde; präpariert war nur die Massenbereitschaft, sofort anzutreten, wenns klingelte. Sie sind angetreten, ohne mehr von den Ursachen des Alarms zu wissen, als was ihnen die Telegrafenagenturen der Regierungen vorzusetzen beliebten. Wir wissen heute, dass damals auf allen Seiten schändlich gelogen worden ist.

Um eine Wiederholung zu vermeiden, gilt es also, den sittlichen Unterbau einer unsittlichen Idee zu zerstören. Dieser Unterbau heißt: Es ist süß und ehrenvoll fürs Vaterland zu sterben.

Was die Süße anbetrifft, so wird ja auch der verlogenste Kriegshetzer nicht mehr wagen (wenn es nicht gerade ein Militärpfarrer ist), von diesem Bonbon des Patriotismus zu sprechen. Wer ihn einmal geschmeckt hat, wer am nebelgrauen Wintermorgen Verwundete mit blutdurchtränkten Verbänden aus einem Wäldchen hat hinken sehen, wer den Zerschossenen, dem die Eingeweide heraushingen, hat brüllen hören: »Schießt mich tot, schießt mich tot!« – wer das gesehen und gehört hat, der weiß, wie süß es ist.

Ist es ehrenvoll? Nein.

Die Ehre wohnt einer Sache nicht inne, sie wird ihr erst beigelegt. Wenn die überwiegende Mehrheit eines Staates soweit aufgeklärt und erzogen ist, dass sie den

Massenmord von Einzelmord nicht mehr unterscheidet, so ist es mit der Ehrung des Soldaten vorbei. Es bleibt das tiefe Bedauern für die Gefallenen, Mitleid mit den Hinterbliebenen, Pflicht, für diese Hinterbliebenen zu sorgen (dieser Pflicht kommt der kriegerische moderne Staat nicht nach –), und es bleibt die tiefste Verachtung für einen wirtschaftlichen Vorgang, der sich mit den Zutaten des Films behängt, um sich populär zu machen, und der seine Bilanz im stillen zieht. Sie ist nicht mit roter Tinte geschrieben.

Wer ein modernes Schlachtfeld gesehen und zu innerst erlebt hat, wer auch nur die Fotografien dieser internationalen Greuel kennt, Fotografien, die das böse Gewissen der Offiziere und solcher, die es werden wollen, sorgfältig vor der Öffentlichkeit versteckt, wer die Fleischpakete in den Massengräbern und die eklen Stümpfe der zerhackten Überlebenden – welch ein Leben! – kennt: Wer davor nicht zurückschrickt, wer das nicht mit allen erdenklichen Mitteln verhindern will, wer hier nicht der jungen Generation ein Fanal aufrichtet –: der ist kein Mensch, der ist ein Patriot.

In diesem Sinne habe ich am 1. August meinen kleinen Aufsatz geschrieben und in diesem Sinne kämpft ›Das Andere Deutschland‹.

Wir strecken dem Reichsbanner unsere Hand hin, und wir erwarten vom Reichsbanner das gleiche.

Im Anfang nach dem Kriege war der Nationalismus, die Freikorps, die nationalistischen Jugendverbände, die verhetzten und irregeleiteten Gruppen junger Leute. Das Reichsbanner steht heute noch in der Defensive, wie alles, was in Deutschland Republik ist. Die Verneinung eines gegebenen Gedankens genügt, um eine Gruppe zu bilden; sie genügt nicht, um auf die Dauer tatkräftige Gruppenarbeit zu leisten. »Ich bin kein radaulüsterner Nationalist« – das ist sehr schön. Aber was bist du denn?

Das etwas verblasene Ideal ›Republikaner‹ heißt noch gar nichts. Es hat in der Geschichte Monarchien gegeben, die weitaus liberaler, pazifistischer und sozialgesinnter waren, als die Regierung der jetzigen deutschen Republik, und das allgemeine Bekenntnis zur Republik besagt nichts und verpflichtet zu nichts.

Nimmt das Reichsbanner Rücksicht auf die ihm angehörenden Frontsoldaten?

Aber man höre doch endlich mit dem Unfug auf, zum Kriegsdienst gepresste Arbeiter und Kaufleute mit Landsknechten zu vergleichen. Die im Jahre 1914 freiwillig gegangen sind, wusten nicht, wohin sie gingen, sie kannten den modernen Krieg überhaupt nicht. Und so verständlich es menschlich ist, dass der, der die schrecklichsten Qualen dieser Hölle hat durchmachen müssen, einen Ausgleich für das Ausgestandene in der Bewunderung seiner Mitbürger sucht, so sehr niemand die Pein, vier Jahre lang seiner Menschenrechte beraubt gewesen zu sein, nutzlos erlitten haben will, ein so starkes Erlebnis für ihn selbst der Krieg gewesen sein mag: Eine menschliche Klassifizierung ›Frontsoldaten‹ gibt es nicht.

Wir haben keine Zeit, uns mit demokratischen Rechtsanwälten über das Wesen des Krieges zu unterhalten, und nun etwa die Bewegung dafür büßen zu lassen, dass jene in ihrer Jugend keine gute Seelenpflege genossen haben. Wir können auch nicht darauf warten, bis die nächste Generation von Sozialdemokraten oder Demokraten heranwächst, die vielleicht aus dem Kriege gelernt haben könnte. Viel Aussicht ist dafür nicht vorhanden. Wir wenden uns direkt an die junge Generation und sagen:

Die Ideale, die man euch gelehrt hat, sind falsch.

Es gibt kein staatliches Interesse, kein wirtschaftliches Interesse, kein Volksinteresse, für das solche schweinischen Ungeheuerlichkeiten begangen werden dürfen, wie sie im Kriege auf allen Seiten begangen worden sind. Niemand ist so ein Ungeheuer, dass er allein getan hätte, was jeder Instanzenzug getan hat. Kein Mensch war ein so großer Verbrecher, dass er den Tötungsplan selbst entworfen, ihn selbst in allen Einzelheiten ausgeführt und selbst die Früchte des Sieges davongetragen hätte. Weil jeder immer nur etwas tat, merkte er nicht, was getan wurde.

Wir wenden uns an euch, weil ihr das Deutschland vom Jahre 1940 sein werdet. Und ohne uns zum Wortführer der Millionen Gefallener zu machen, unter denen es

Pazifisten, Gleichgültige und Kriegsfreudige gegeben hat, machen wir uns zum Wortführer trauernder Frauen und Kinder und zum Wortführer einer durch Gasgranate und Feldsyphilis im tiefsten verletzten Volkskraft, und wir beschwören euch, mit uns gegen kleinbürgerliche Ängstlichkeit und vorbei an unaufgeklärten Konfusionsräten den sittlichsten Kampf zu führen, der jemals gekämpft worden ist:

Den Kampf gegen den Krieg.

Einigkeit und Recht und Freiheit   Theobald Tiger

Was die Freiheit ist bei den Germanen,
die bleibt meistens schwer inkognito.
Manche sind die ewigen Untertanen,
möchten gern und können bloß nicht so.
    Denn schon hundert Jahr
     trifft dich immerdar
ein geduldiger Schafsblick durch die Brillen.
Doof ist doof.
      Da helfen keine Pillen.

Was Justitia ist bei den Teutonen,
die hat eine Binde obenrum.
Doch sie tut die Binde gerne schonen,
und da bindt sie sie nicht immer um.
    Unten winseln die
     wie das liebe Vieh.
Manche glauben noch an guten Willen ...
Doof ist doof.
      Da helfen keine Pillen.

Was die Einigkeit ist bei den Hiesigen,
die ist vierundzwanzigfach verteilt.
Für die Länder hat man einen riesigen
Schreibapparat gefeilt:
    Hamburg schießt beinah
    sich mit Altona;
    Bayern zeigt sich barsch,
    ruft: »Es lebe die Republik!«
    Jeder denkt nur gleich
    an sein privates Reich ...
Eine Republike wider Willen.
Deutsch ist deutsch.
                      Da helfen keine Pillen.

Wie werden die nächsten Eltern?   Peter Panter

Von der durch die Nase zu sprechenden Bemerkung »Der Alte ist ja verrückt!« bis zu anerkennender Dankbarkeit gibt es alle Skalen im Verhältnis meiner Generation zu ihren Eltern. Aber im großen ganzen waren wir nicht recht zufrieden; wir fühlten uns nicht verstanden, und auch ohne dass wir zur Pistole des Hasencleverschen Sohns gegriffen haben: Es war doch verdammt weit von uns bis zur ›alten Generation‹. Beschwerdebuch –!

Unsere Mütter hatten entsetzlich viel zu tun, aber nichts zu arbeiten – und das brachte sie oft auf krause Gedanken. Da gab es neben guten Müttern viel leere Vogelgehirne, Papas, die nur aus Berufsarbeit, Schrullen und einer knarrenden Zugstiefel-Weltanschauung bestanden, Mamas, die einkauften und großreinemachten, wie man eine heilige Handlung vornimmt ... und wir immer mitten drin, ein wenig hin- und hergestoßen, das Ganze für herzlich überflüssig empfindend. Möchten Sie noch einmal jung sein? Ich für meinen Teil habe reichlich genug.

Ja, und nun wachsen um mich herum die kleinen Kinderchen hoch, sie sprießen aus dem Boden wie die Pilze nach dem Regenwetter, alle meint Schulfreunde sind so langsam Eltern geworden, manche sagen schon: »Junge, komm mal her –!« – Ich sehe mir das so an ... Was werden das nun für Eltern –?

Werden sie freier werden? Werden sie ihre Kinder auch mit so überflüssigem Zeug plagen, mit dem wir einst geplagt worden sind? Mit Fibelstrafen, die niemand so kindlich empfindet wie Kinder, die ja immer um drei Grad erwachsener sind, als Erwachsene sich das einbilden – mit brüllenden Strafgerichten und mit jener dreimal verwünschten Dickköpfigkeit, die da befiehlt, um zu befehlen, verbietet, um zu verbieten, sich mausig macht, kurz: das vertrackte Elternspiel spielt ... ? Werden die nun anders werden?

Versprochen haben sies alle. »Wenn ich mal Kinder haben werde–« Ich bin ein wenig misstrauisch. Erst sehen ... Jetzt haben sie die Kinder: Maud legt trocken und gibt zu trinken, Georg hat sich von den blödsinnigsten Emanationen verzückter Vaterschaft freigehalten, das ist wahr, »Dutzi-Dutzi« wird zwar immer noch an Kinderbettchen gemacht, aber wohl etwas weniger als früher, und die Wunderkinder, die schon alles mögliche können, sind dünner gesät, scheints. Aber ich weiß doch nicht recht ...

Noch haben die kleinen Dinger keinen eigenen Willen, dem sie sprachlich spürbaren Ausdruck verleihen können; noch sind ihre Wünsche verhältnismäßig bequem, noch weiß die junge Mutter in den meisten Fällen nicht, dass sie nun, in diesen Jahren, den Grund zu ganzen Epochen legt. Was wird das werden –?

Was geschieht, wenn das, was da heranwächst, nun eigene Wege geht? Sieht man so die jungen Eltern an, so kann man ziemlich deutlich zwei Sorten unterscheiden: die einen, die ein bisschen viel gehen und geschehen lassen und die sich ›moderne Erziehung‹ mit ›Bequemlichkeit‹ übersetzen, »Das Kind wird schon wissen, was

es tut – meine Kinder werden ganz modern erzogen –.«
Und die andern, die erstaunlich altmodisch geblieben sind
und in deren Familie die alten Refrains wiederklangen.
»Wenn du das nicht sein lässt, darfst du keine Süßspeise
essen!« und: »Lass das! Lass das! Du sollst das nicht tun!
Komm mal her! Lass das sein!« Das muss ich doch schon
mal irgendwo gehört haben …

Fast möchte ich meinen, dass die Generation, die sich da um mich herum vermehrt, im allgemeinen vernünftigere Eltern hat als es – verzeihe es, o lieber Leser – die unsern gewesen sind. Sie haben doch mehr Kummer durchgemacht; Krieg und Inflation haben ihnen ein bisschen von der Relativität der irdischen Dinge gezeigt; sie glauben nicht mehr gar so absolut an die absoluten Werte – sie haben es einmal im Gebälk knistern hören, das ist ein Geräusch, das ein kluger Mensch nie mehr vergisst ...

Wollte Gott, es hätte etwas genützt.

Das mit dem Fortschritt ist ja so eine Sache, aber es wäre den kleinen Petern, Tobiassen und Haralds zu wünschen, dass es ihnen besser ergehen möchte als ihren immerhin ziemlich geplagten Eltern (Beifall links, Zischen rechts, Glocke des Präsidenten.) Dass diese junge Generation ohne gewisse törichte Zwangsvorstellungen aufwachsen wird – das ist einmal sicher. Dass sie neue akquiriert, desgleichen: »Unsere tägliche Selbsttäuschung gib uns heute«, sagte der alte Raabe.

Ich bin nur neugierig, wie sich eine Elternschaft aufführen wird, die so viel über sich nachgedacht hat und die so vieles bewusst tut, was man früher unbewusst ausführte. Angefressen von Skepsis, überfüttert mit Theorie, bis zum Platzen geladen mit Pathos, Zweifel, Ausbruch und Not der Zeit beugt sich diese Generation über die Kinderwagen. Welche Augen blicken ihnen entgegen? Wie immer: Augen kleiner Menschen, die da gefühllos blicken werden, wo die Alten in Hass oder Liebe zerschmelzen – die weinen oder lachen, wo die Alten stumm bleiben: »Wie man drüber lachen kann, verstehe ich nicht ... « Es kommt ja wohl alles wieder, hienieden.

Jetzt seid ihr dran. Hinter Türen und den Bäumen des Ferienwaldes, nach der Verlobung und auf den Kaffeegesellschaften der Mädchen, auf den kleinen Kneipereien der Jungen habt ihr genugsam über eure Alten geruddelt. Jetzt seid ihr dran.

Was werdet ihr für Eltern werden –?

Hej –! Theobald Tiger

Auf einem leeren Marktplatz stehst
du –
ganz allein:
die Häuser haben geflaggt, jedes trägt eine andre Fahne,
die Dächer sind schwarz vor Menschen;
eine wimmelnde Schlange ist rings um den Platz gepresst.
Aus jedem Haus dringt Getöse, Blechmusik, Orgeln,
wirres Rufen –
Und plötzlich
heben sich alle Arme, auf dich,
zehntausend ausgestreckte Zeigefinger, auf dich,
und ein Schrei steigt auf:
– »Hej!«

Was wollen sie von dir?
Was hast du getan?
Was sollst du tun?
So groß bist du doch gar nicht,
so bedeutend bist du doch gar nicht,
so wichtig bist du doch gar nicht ...

Eintreten sollst du – in eines dieser Häuser,
in welches, ist ihnen gleich –
aber in eines,
und darum rufen sie:
– »Hej!«

Da ist das katholische Haus:
Würdige Junggesellen halten, verkleidet, ein Buch in der Hand;
manche sind weise,
viele klug,
alle schlau.
Sie wollen dich,
sie wollen sich
und vergessen IHN.
Sie teilen eine Art Wahrheit aus;
sie kennen die Herzen aller,
sie ordnen Regeln an, für alle:
ein Warenhaus der Metaphysik.
Aber etwas Starres ist da,
ein Trübes,
und drohend steht das Kreuz gegen den Phallus –:
geh nicht hinein.

– »Hej!«

Da ist das Haus der Nationen.
Sture Gewaltmenschen
halten, kostümiert, einen Damaszenerdegen in der Hand,
aber sie schießen mit Gas.

An ihren Wänden hängen Bilder mittelalterlicher Kämpfe
Fahnen über den Kaminen –
aber sie schießen mit Gas.
Sie wissen nicht, warum sie das tun,
sie müssen es tun;
ihr Wesen schreit nach Menschenfleisch,
nach der herrlichen, den Mann aufwühlenden Gewalt,
so liebt ihn die Frau,
so liebt er die Frau.
In ihnen ist nichts,
daher wollen sie außer sich sein –
und wann wäre man wohl so außer sich
wie bei der Zeugung und beim Mord!
Verwaltungsbeamte des Todes –:
geh nicht hinein.

– »Hejl«

Da ist das Haus der feinen Leute.
Die spielen, ab sechs Uhr abends:
mit der Polaritätsphilosophie,
mit Theaterpremieren,
mit den Symphonien,
mit der Malerei,
mit dem Charme,
mit dem Stil,
mit den Versen Verstorbener,
mit den Witzen Lebendiger –
und alles darfst du bei ihnen tun,
(solange es zu nichts verpflichtet),
alles, nur eines nicht:
Nicht die Geschäfte stören,
den Ernst des Lebens,
der da ist:
Geld verdienen mit dem Schweiß der andern;
regieren auf dem geduldigen Rücken der andern;
leben vom Mark der andern ...
Für die Sättigungspausen
haben sie einen Pojaz bestellt:
den Künstler.
Geh nicht hinein.

– »Hej!«

Da ist das russische Haus.
Du kennst es nicht genau.
Aber bist du reif für dieses Haus?
Ist dein Tadel:
ihre starre Dogmatik,
ihr Zeloteneifer, eine neue Kirche zu gründen,
ihr scharfer Hass gegen den Einzelnen
– aber Lenin war ein Einzelner –
ihre Affenliebe für alle, die alles heilen soll –:
ist dieser Tadel nicht deine verkappte Schwäche?
Auch sie: dieser Welt hingegeben
– erwarte nicht den Himmel von ihnen –
auch sie: Nationalisten,
freilich mit einer Idee;
auch sie: für den Krieg,
auch sie: erdgebunden;
das, was sie an die Amerikaner verhökern,
heißt nicht umsonst: Konzessionen ...
Bist du stark genug,
mitzuarbeiten am Werk?

Noch nicht –
geh noch nicht hinein.

– »Hej!«

Tausend Gruppen umbrüllen dich,
rufen nach dir,
preisen an die warme Heimat: Herde.
Sag: Hast du nicht Sehnsucht gehabt nach dem Stall,
nach dem warmen Stall, wo nicht nur die Krippe lockt,
– die Wiesen genügen –
nein: wo die tierische Wärme der Leiber ist,
das vertraute Muh und das Gemeinschaftsgefühl der Menschen?
Sie schrein:
In die Reihn!
In den Verein!
Sie schrein:
Die Zeit des einzelnen ist vorbei,
das trägt niemand mehr!
Freiwillige Bindung!
Schwächling! schrein sie; Einzelgänger! Unentschiedener!
Her zu uns!
Zur Ordnung! Zur Ordnung!

Über den Häusern
ragen die Wipfel
geduldiger Bäume.
Rauschend bewegen sie schäumende Kronen.
Zurück zur Natur?
Hingegeben an dämmernde Herbstabende,
wo die göttliche Klarheit
des bunten Tags
sich auflöst in weich-graue Nebel?
Vergessen das Leid
der Millionen?
Und die Wirkung roten Weines
und eine Frau am Kamin
für die letzte Sprosse der göttlichen Weltordnung nehmen?
Frauen geben. Nimm. Aber erhoffe nichts.
Zurück zur Natur?
Bleib verwurzelt – aber gch nicht
mit der Laute zu ihr –:
Du gehst zurück ...

– »Hej!«

Da stehst du
und siehst um dich:
Die Rufer verschwimmen,
treten zurück ...
Du bist nicht allein!
Um dich
stehen Hunderttausende:
frierend wie du,
suchend wie du,
jeder allein, wie du,
Trost? Nein: Schicksal.

Bleib tapfer.
Bleib aufrecht.
Bleib du.
Hör immer den Schrei:
– »Hej!«
Lass dich nicht verlocken.
Geh deinen Weg. Es gibt so viele Wege.

Es gibt nur ein Ziel.

Mein Nachruf

Wie mein Nachruf aussehen soll, weiß ich nicht. Ich weiß nur, wie er aussehen wird. Er wird aus einer Silbe bestehen.

Pappa und Mamma sitzen am abgegessenen Abendbrottisch und vertreiben sich ihre Ehe mit Zeitungslektüre. Da hebt Er plötzlich, durch ein Bild von Dolbin erschreckt, den Kopf und sagt: »Denk mal, der Theobald Tiger ist gestorben!« Und dann wird Sie meinen Nachruf sprechen. Sie sagt:

»Ach –!«

„Ach

Die Herren Kolonisatoren   Theobald Tiger

Müsst ihr wieder Kolonien haben?
Müsst ihr wieder Diamanten graben,
    die Herr Dernburg findt?
Müsst ihr die Hereros kujonieren?
Süd-West-Afrika mit Blut regieren?
    Seid ihr taub und blind?
Habt ihr solchen Drang zum Pionier?

                        Hier:

Hier in Deutschland liegen tausend Meilen
nass und unter Schlamm – ein grüner Sumpf.
    Eine Wildgans schreit; an alten Seilen
    hängt die Brücke überm Weidenstumpf ...
Sucht ihr Arbeit für den Pionier?

                        Hier:

Keine Leute trocknen euch die Moore –
dazu sind die Löhne viel zu klein.
    Strafgefangene stehn im feuchten Rohre,
    schuftend ... schmunzelnd steckts der Bauer ein.
    Sucht ihr Arbeit für den Pionier?

                        Hier.

Euer Land liegt schon seit tausend Jahren
faulend, ungenutzt morastig, brach.
    Ihr schickt bramsige Beamtenscharen
    nach Australien – werft noch Gelder nach.
Müsst ihr wieder Kolonien haben?
Müsst ihr wieder Diamanten graben?
    Lasst die Welt mit euern Kolonialmandaten
    nur in Ruh! ihr wollt noch mehr Soldaten ...
Admirale, Gouverneur und Offizier!
Fangt zu Hause an!
                Die Moore warten.

                                    Hier.

Ein Ehepaar erzählt einen Witz   Peter Panter

»Herr Panter, wir haben gestern einen so reizenden Witz gehört, den *müssen* wir Ihnen ... also den *muss* ich Ihnen erzählen. Mein Mann kannte ihn schon ... aber er ist zu reizend. Also passen Sie auf.

Ein Mann, Walter, streu nicht den Tabak auf den Teppich, da! Streust ja den ganzen Tabak auf den Teppich, also ein Mann, nein, ein Wanderer verirrt sich im Gebirge. Also der geht im Gebirge und verirrt sich, in den Alpen. Was? In den Dolomiten, also nicht in den Alpen, ist ja ganz egal. Also er geht da durch die Nacht, und da sieht er ein Licht, und er geht grade auf das Licht zu ... lass mich doch erzählen! das gehört dazu! ... geht drauf zu, und da ist eine Hütte, da wohnen zwei Bauersleute drin. Ein Bauer und eine Bauersfrau. Der Bauer ist alt, und sie ist jung und hübsch, ja, sie ist jung. Die liegen schon im Bett. Nein, die liegen noch nicht im Bett ... «

»Meine Frau kann keine Witze erzählen. Lass mich mal. Du kannst nachher sagen, obs richtig war. Also nun werde ich Ihnen das mal erzählen.

Also, ein Mann wandert durch die Dolomiten und verirrt sich. Da kommt er – du machst einen ganz verwirrt, so ist der Witz gar nicht! Der Witz ist ganz anders. In den Dolomiten, so ist das! In den Dolomiten wohnt ein alter Bauer mit seiner jungen Frau. Und die haben gar nichts

mehr zu essen; bis zum nächsten Markttag haben sie bloß noch eine Konservenbüchse mit Rindfleisch.
Und die sparen sie sich auf. Und da kommt ... wieso? Das ist ganz richtig!
Sei mal still ... , da kommt in der Nacht ein Wandersmann, also da klopft es an die Tür, da steht ein Mann, der hat sich verirrt, und der bittet um Nachtquartier. Nun haben die aber gar kein Quartier, das heißt, sie haben nur ein Bett, da schlafen sie zu zweit drin. Wie? Trude, das ist doch Unsinn ... Das kann sehr nett sein!«

»Na, ich könnte das nicht. Immer da einen, der – im Schlaf strampelt ..., also ich könnte das nicht!«
»Sollst du ja auch gar nicht. Unterbrich mich nicht immer.«
»Du sagst doch, das wär nett. Ich finde das nicht nett.«
»Also ... «
»Walter! Die Asche! Kannst du denn nicht den Aschbecher nehmen?«
»Also ... der Wanderer steht da nun in der Hütte, er trieft vor Regen, und er möchte doch da schlafen.
Und da sagt ihm der Bauer, er kann ja in dem Bett schlafen, mit der Frau.«
»Nein, so war das nicht. Walter, du erzählst es ganz falsch! Dazwischen, zwischen ihm und der Frau – also der Wanderer in der Mitte!«
»Meinetwegen in der Mitte. Das ist doch ganz egal.«
»Das ist gar nicht egal ... der ganze Witz beruht ja darauf.«
»Der Witz beruht doch nicht darauf, wo der Mann schläft!«

»Natürlich beruht er darauf! Wie soll denn Herr Panter den Witz so verstehen ... lass mich mal – ich werd ihn mal erzählen! – Also der Mann schläft, verstehen Sie, zwischen dem alten Bauer und seiner Frau. Und draußen gewittert es. Lass mich doch mal!«

»Sie erzählt ihn ganz falsch. Es gewittert erst gar nicht, sondern die schlafen friedlich ein. Plötzlich wacht der Bauer auf und sagt zu seiner Frau – Trude, geh mal ans Telefon, es klingelt. – Nein, also das sagt er natürlich nicht ... Der Bauer sagt zu seiner Frau ... Wer ist da? Wer ist am Telefon? Sag ihm, er soll später noch mal anrufen – jetzt haben wir keine Zeit! Ja. Nein. Ja. Häng ab! Häng doch ab!«

»Hat er Ihnen den Witz schon zu Ende erzählt? Nein, noch nicht? Na, erzähl doch!«

»Da sagt der Bauer: Ich muss mal raus, nach den Ziegen sehn – mir ist so, als hätten die sich losgemacht, und dann haben wir morgen keine Milch! Ich will mal sehn, ob die Stalltür auch gut zugeschlossen ist.«

»Walter, entschuldige, wenn ich unterbreche, aber Paul sagt, nachher kann er nicht anrufen, er ruft erst abends an.«

»Gut, abends. Also der Bauer – nehmen Sie doch noch ein bisschen Kaffee! – Also der Bauer geht raus, und kaum ist er rausgegangen, da stupst die junge Frau ... «

»Ganz falsch. Total falsch. Doch nicht das erstemal! Er geht raus, aber sie stupst erst beim drittenmal – der Bauer geht nämlich dreimal raus – das fand ich so furchtbar komisch! Lass mich mal! Also der Bauer geht raus, nach der Ziege sehn, und die Ziege ist da; und er kommt wieder rein.«

»Falsch. Er bleibt ganz lange draußen. Inzwischen sagt die junge Frau zu dem Wanderer –«

»Gar nichts sagt sie. Der Bauer kommt rein ... «

»Erst kommt er nicht rein!«

»Also ... der Bauer kommt rein, und wie er eine Weile schläft, da fährt er plötzlich aus dem Schlaf hoch und sagt: Ich muss doch noch mal nach der Ziege sehen – und geht wieder raus.«

»Du hast ja ganz vergessen, zu erzählen, dass der Wanderer furchtbaren Hunger hat!«

»Ja. Der Wanderer hat vorher beim Abendbrot gesagt, er hat so furchtbaren Hunger, und da haben die gesagt, ein bisschen Käse wäre noch da ... «

»Und Milch!«

»Und Milch, und es wär auch noch etwas Fleischkonserve da, aber die könnten sie ihm nicht geben, weil die eben bis zum nächsten Markttag reichen muss. Und dann sind sie zu Bett gegangen.«

»Und wie nun der Bauer draußen ist, da stupst sie den, also da stupst die Frau den Wanderer in die Seite und sagt: Na ... «

»Keine Spur! Aber keine Spur! Walter, das ist doch falsch! Sie sagt doch nicht: Na ... !«

»Natürlich sagt sie: Na ... ! Was soll sie denn sagen?«
»Sie sagt: Jetzt wäre so eine Gelegenheit ... «
»Sie sagt im Gegenteil: Na ... und stupst den Wandersmann in die Seite ... «
»Du verdirbst aber wirklich jeden Witz, Walter!«
»Das ist großartig! Ich verderbe jeden Witz? Du verdirbst jeden Witz – ich verderbe doch nicht jeden Witz! Da sagt die Frau ... «
»Jetzt lass mich mal den Witz erzählen! Du verkorkst ja die Pointe ... !«
»Also jetzt mach mich nicht böse, Trude! Wenn ich einen Witz anfange, will ich ihn auch zu Ende erzählen ... «
»Du hast ihn ja gar nicht angefangen ... ich habe ihn angefangen!« – »Das ist ganz egal – jedenfalls will ich die Geschichte zu Ende erzählen; denn du kannst keine Geschichten erzählen, wenigstens nicht richtig!« – »Und ich erzähle eben meine Geschichten nach meiner Art und nicht nach deiner, und wenn es dir nicht passt, dann musst du eben nicht zuhören ... !« – »Ich will auch gar nicht zuhören ... ich will sie zu Ende erzählen – und zwar so, dass Herr Panter einen Genuss von der Geschichte hat!« – »Wenn du vielleicht glaubst, dass es ein Genuss ist, dir zuzuhören ...« – »Trude!« – »Nun sagen Sie, Herr Panter – ist das auszuhalten! Und so nervös ist er schon die ganze Woche ... ich habe ... « – »Du bist ... « – »Deine Unbeherrschtheit ... « – »Gleich wird sie sagen: Komplexe! Deine Mutter nennt das einfach schlechte Erziehung ... « – »Meine Kinderstube ... !« – »Wer hat denn die Sache beim

Anwalt rückgängig gemacht? Wer denn? Ich vielleicht? Du! Du hast gebeten, dass die Scheidung nicht … « – »Lüge!« – Bumm: Türgeknall rechts. Bumm: Türgeknall links.

    Jetzt sitze ich da mit dem halben Witz.

    Was hat der Mann zu der jungen Bauersfrau gesagt?

Vor und nach den Wahlen　　　　Theobald Tiger

Also diesmal muss alles ganz anders werden!
Diesmal: endgültiger Original-Friede auf Erden!
Diesmal: Aufbau! Abbau! und Demokratie!
Diesmal; die Herrschaft des arbeitenden Volkes wie
noch nie!
     Diesmal.
Und mit ernsten Gesichtern sagen Propheten prophetische Sachen:
»Was meinen Sie, werden die deutschen Wahlen im
Ausland für Eindruck machen!«
Und sie verkünden aus Bärten und unter deutschen Brillen
– wegen Nichtkiekenkönnens – den höchstwahrscheinlichen Volkeswillen.
Sprechen wird aus der Urne die große Sphinx:
Die Wahlen ergeben diesmal einen Ruck nach links.
    So:

⟵――――――――

Diesmal werden sie nach den Wahlen den Reichstag betreten,
diesmal werden sie zum Heiligen Kompromisius beten;
diesmal erscheinen die ältesten Greise mit Podagra,
denn wenn die Wahlen vorbei sein werden, sind sie alle
wieder da.
     Diesmal.

Und mit ernsten Gesichtern werden sie unter langem Parlamentieren wirklich einen Ruck nach links konstatieren.

Damit es aber kein Unglück gibt in der himmlischsten aller Welten, und damit sich die Richter nicht am Zug der Freiheit erkälten, und überhaupt zur Rettung des deutsch-katholischen-industriellen
Junkergeschlechts
machen nach den Wahlen alle Parteien einen Ruck nach rechts.

So:

———————→

Auf diese Weise geht in dem deutschen Reichstagshaus alle Gewalt nebbich vom Volke aus.

Die fünfte Jahreszeit　　　　　　Kaspar Hauser

Die schönste Zeit im Jahr, im Leben, im Jahr? Lassen Sie mich nachfühlen.

Frühling? Dieser lange, etwas bleichsüchtige Lümmel, mit einem Papierblütenkranz auf dem Kopf, da stakt er über die begrünten Hügel, einen gelben Stecken hat er in der Hand, präraffaelitisch und wie aus der Fürsorge entlaufen; alles ist hellblau und laut, die Spatzen fiepen und sielen sich in blauen Lachen, die Knospen knospen mit einem kleinen Knall, grüne Blättchen stecken fürwitzig ihre Köpfchen ... ä, pfui Deibel! ... die Erde sieht aus wie unrasiert, der Regen regnet jeglichen Tag und tut sich noch was darauf zugute: Ich bin so nötig für das Wachstum, regnet er. Der Frühling –?

Sommer? Wie eine trächtige Kuh liegt das Land, die Felder haben zu tun, die Engerlinge auch, die Stare auch; die Vogelscheuchen scheuchen, dass die ältesten Vögel nicht aus dem Lachen herauskommen, die Ochsen schwitzen, die Dampfpflüge machen Muh, eine ungeheure Tätigkeit hat rings sich aufgetan; nachts, wenn die Nebel steigen, wirtschaftet es noch im Bauch der Erde, das ganze Land dampft vor Arbeit, es wächst, begattet sich, jungt, Säfte steigen auf und ab, die Stuten brüten, Kühe sitzen auf ihren Eiern, die Enten bringen lebendige Junge zur Welt: kleine piepsende Wolleballen, der Hahn – der Hahn, das Aas, ist so recht das Symbol des Sommers! er preist seinen Tritt an, das göttliche Elixier, er ist das Zeichen der Fruchtbarkeit, hast du das gesehn? und macht demgemäß einen mordsmäßigen Krach ... der Sommer –?

Herbst? Mürrisch zieht sich die Haut der Erde zusammen, dünne Schleier legt sich die Fröstelnde über, Regenschauer fegt über die Felder und peitscht die entfleischten Baumstümpfe, die ihre hölzernen Schwurfinger zum Offenbarungseid in die Luft strecken: Hier ist nichts mehr zu holen ... So sieht es auch aus ... Nichts zu holen ... und der Wind verklagt die Erde, und klagend heult er um die Ecken, in enge Nasengänge wühlt er sich ein, Huuh macht er in den Stirnhöhlen, denn der Wind bekommt Prozente von den Nasendoktoren ... hochauf spritzt brauner Straßenmodder ... die Sonne ist zur Kur in Abazzia ... der Herbst –?

Und Winter? Es wird eine Art Schnee geliefert, der sich, wenn er die Erde nur von weitem sieht, sofort in Schmutz auflöst; wenn es kalt ist, ist es nicht richtig kalt sondern nasskalt, also nass ... Tritt man auf Eis, macht das Eis Knack und bekommt rissige Sprünge, so eine Qualität ist das! Manchmal ist Glatteis, dann sitzt der liebe Gott, der gute, alte Mann, in den Wattewolken und freut sich, dass die Leute der Länge lang hinschlagen ... also, wenn sie denn werden kindisch ... kalt ist der Ostwind, kalt die Sonnenstrahlen, am kältesten die Zentralheizung – der Winter –?

»Kurz und knapp, Herr Hauser! Hier sind unsere vier Jahreszeiten. Bitte: Welche –?« Keine. Die fünfte.

»Es gibt keine fünfte.«

Es gibt eine fünfte. – Hör zu:

Wenn der Sommer vorbei ist und die Ernte in die Scheuern gebracht ist, wenn sich die Natur niederlegt, wie ein ganz altes Pferd, das sich im Stall hinlegt, so müde ist es – wenn der späte Nachsommer im Verklingen ist und der frühe Herbst noch nicht angefangen hat –: dann ist die fünfte Jahreszeit.

Nun ruht es. Die Natur hält den Atem an; an andern Tagen atmet sie unmerklich aus leise wogender Brust. Nun ist alles vorüber: geboren ist, gereift ist, gewachsen ist, gelaicht ist, geerntet ist – nun ist es vorüber. Nun sind da noch die Blätter und die Gräser und die Sträucher, aber im Augenblick dient das zu gar nichts; wenn überhaupt in der Natur ein Zweck verborgen ist: im Augenblick steht das Räderwerk still. Es ruht.

Mücken spielen im schwarz-goldenen Licht, im Licht sind wirklich schwarze Töne, tiefes Altgold liegt unter den Buchen, Pflaumenblau auf den Höhen ... kein Blatt bewegt sich, es ist ganz still. Blank sind die Farben, der See liegt wie gemalt, es ist ganz still. Boot, das flussab gleitet, Aufgespartes wird dahingegeben – es ruht.

So vier, so acht Tage –

Und dann geht etwas vor.

Eines Morgens riechst du den Herbst. Es ist noch nicht kalt; es ist nicht windig; es hat sich eigentlich gar nichts geändert – und doch alles. Es geht wie ein Knack durch die Luft – es ist etwas geschehen; so lange hat sich der Kubus noch gehalten, er hat geschwankt ... , na ... na ... , und nun ist er auf die andere Seite gefallen. Noch ist alles wie gestern: die Blätter, die Bäume, die Sträucher ... aber nun ist alles anders. Das Licht ist hell, Spinnenfäden schwimmen durch die Luft, alles hat sich einen Ruck gegeben, dahin der Zauber, der Bann ist gebrochen – nun geht es in einen klaren Herbst. Wie viele hast du? Dies ist einer davon. Das Wunder hat vielleicht vier Tage gedauert oder fünf, und du hast gewünscht, es solle nie, nie aufhören. Es ist die Zeit, in der ältere Herren sehr sentimental werden – es ist nicht der Johannistrieb, es ist etwas andres. Es ist: optimistische Todesahnung, eine fröhliche Erkenntnis des Endes. Spätsommer, Frühherbst und das, was zwischen ihnen beiden liegt. Eine ganz kurze Spanne Zeit im Jahre.

Es ist die fünfte und schönste Jahreszeit.

Ideal und Wirklichkeit   Theobald Tiger

In stiller Nacht und monogamen Betten
denkst du dir aus, was dir am Leben fehlt.
Die Nerven knistern. Wenn wir das doch hätten,
was uns, weil es nicht da ist, leise quält.
Du präparierst dir im Gedankengange
das, was du willst – und nachher kriegst dus nie ...
Man möchte immer eine große Lange,
und dann bekommt man eine kleine Dicke –
    C'est la vie – !

Sie muss sich wie in einem Kugellager
in ihren Hüften biegen, groß und blond.
Ein Pfund zu wenig – und sie wäre mager,
wer je in diesen Haaren sich gesonnt ...
    Nachher erliegst du dem verfluchten Hange,
    der Eile und der Fantasie.
    Man möchte immer eine große Lange,
    und dann bekommt man eine kleine Dicke –
    Ssälawih – !

Man möchte eine helle Pfeife kaufen
Und kauft die dunkle – andere sind nicht da.
Man möchte jeden Morgen dauerlaufen
und tut es nicht. Beinah ... beinah ...

Wir dachten unter kaiserlichem Zwange
an eine Republik ... und nun ists die!
Man möchte immer eine große Lange,
und dann bekommt man eine kleine Dicke –
　　Ssälawih – !

Heimat

> Aber einen Trost hast du immer, eine Zuflucht, ein Wegschweifen. Selbst auf Umgebungsflachheiten stehen Bäume, Wasseraugen schimmern dich an, Horizonte sind weit, und auch durch düstere Verhängung kommt noch Feldatem.
> Alfons Goldschmidt: ›*Deutschland heute*‹

Nun haben wir auf vielen Seiten Nein gesagt, Nein aus Mitleid und Nein aus Liebe, Nein aus Hass und Nein aus Leidenschaft – und nun wollen wir auch einmal Ja sagen. Ja –: zu der Landschaft und zu dem Land Deutschland.

Dem Land, in dem wir geboren sind und dessen Sprache wir sprechen.

Der Staat schere sich fort, wenn wir unsere *Heimat* lieben. Warum grade sie – warum nicht eins von den andern Ländern –? Es gibt so schöne.

Ja, aber unser Herz spricht dort nicht. Und wenn es spricht, dann in einer andern Sprache – wir sagen ›Sie‹ zum Boden; wir bewundern ihn, wir schätzen ihn – aber es ist nicht das.

Es besteht kein Grund, vor jedem Fleck Deutschlands in die Knie zu sinken und zu lügen: wie schön! Aber es ist da etwas allen Gegenden Gemeinsames – und für jeden von uns ist es anders. Dem einen geht das Herz auf in den Bergen, wo Feld und Wiese in die kleinen Straßen sehen, am Rand der Gebirgsseen, wo es nach Wasser und Holz und Felsen riecht, und wo man einsam sein kann; wenn da einer seine Heimat hat, dann hört er dort ihr Herz klopfen. Das ist in schlechten Büchern, in noch dümmeren Versen und in Filmen schon so verfälscht, dass man sich beinah schämt, zu sagen: Man liebe seine Heimat. Wer aber weiß, was die Musik der Berge ist, wer die tönen hören kann, wer den Rhythmus einer Landschaft spürt ... nein, wer gar nichts andres spürt, als dass er zu Hause ist; dass das da sein Land ist, sein Berg, sein See, auch wenn er nicht einen Fuß des Bodens besitzt ... es gibt ein Gefühl jenseits aller Politik, und aus diesem Gefühl heraus lieben wir dieses Land. Wir lieben es, weil die Luft so durch die Gassen fließt und nicht anders, der uns gewohnten Lichtwirkung wegen – aus tausend Gründen, die man nicht aufzählen kann, die uns nicht einmal bewusst sind und die doch tief im Blut sitzen.

Wir lieben es, trotz der schrecklichen Fehler in der verlogenen und anachronistischen Architektur, um die man einen weiten Bogen schlagen muss; wir versuchen, an solchen Monstrositäten vorbeizusehen; wir lieben das Land, obgleich in den Wäldern und auf den öffentlichen Plätzen manch Konditortortenbild eines Ferschten dräut – lass ihn dräuen, denken wir und wandern fort über die Wege der Heide, die schön ist, trotz alledem.

Manchmal ist diese Schönheit aristokratisch und nicht minder deutsch; ich vergesse nicht, dass um so ein Schloss hundert Bauern im Notstand gelebt haben, damit dieses hier gebaut werden konnte – aber es ist dennoch, dennoch schön. Dies soll hier kein Album werden, das man auf den Geburtstagstisch legt; es gibt so viele. Auch sind sie stets unvollständig – es gibt immer noch einen Fleck Deutschland, immer noch eine Ecke, noch eine Landschaft, die der Fotograf nicht mitgenommen hat ... außerdem hat jeder sein Privat-Deutschland. Meines liegt im Norden. Es fängt in Mitteldeutschland an, wo die Luft so klar über den Dächern steht, und je weiter nordwärts man kommt, desto lauter schlägt das Herz, bis man die See wittert. Die See – Wie schon Kilometer vorher jeder Pfahl, jedes Strohdach plötzlich eine tiefere Bedeutung haben ... wir stehen nur hier, sagen sie, weil gleich hinter uns das Meer liegt – für das Meer sind wir da. Windum weht steht der Busch, feiner Sand knirscht dir zwischen den Zähnen ...

Die See. Unvergesslich die Kindheitseindrücke; unverwischbar jede Stunde, die du dort verbracht hast – und jedes Jahr wieder die Freude und das »Guten Tag!« und wenn das Mittelländische Meer noch so blau ist ... die deutsche See. Und der Buchenwald; und das Moos, auf dem es sich weich geht, dass der Schritt nicht zu hören ist;

und der kleine Weiher, mitten im Wald, auf dem die Mücken tanzen – man kann die Bäume anfassen, und wenn der Wind in ihnen saust, verstehen wir seine Sprache. Aus Scherz hat dieses Buch den Titel ›*Deutschland, Deutschland über alles*‹ bekommen, jenen törichten Vers eines großmäuligen Gedichts. Nein, Deutschland steht nicht über allem und ist nicht über allem – niemals. Aber *mit* allen soll es sein, unser Land. Und hier stehe das Bekenntnis, in das dieses Buch münden soll:

Ja, wir lieben dieses Land.

Und nun will ich euch mal etwas sagen:

Es ist ja nicht wahr, dass jene, die sich ›national‹ nennen und nichts sind als bürgerlich-militaristisch, dieses Land und seine Sprache für sich gepachtet haben. Weder der Regierungsvertreter im Gehrock, noch der Oberstudienrat, noch die Herren und Damen des Stahlhelms allein sind Deutschland. Wir sind auch noch da.

Sie reißen den Mund auf und rufen: »Im Namen Deutschlands … !« Sie rufen: »Wir lieben dieses Land, nur wir lieben es.« Es ist nicht wahr.

Im Patriotismus lassen wir uns von jedem übertreffen – wir fühlen international. In der Heimatliebe von niemand – nicht einmal von jenen, auf deren Namen das Land grundbuchlich eingetragen ist. Unser ist es.

Und so widerwärtig mir jene sind, die – umgekehrte Nationalisten – nun überhaupt nichts mehr Gutes an diesem Lande lassen, kein gutes Haar, keinen Wald, keinen Himmel, keine Welle – so scharf verwahren wir uns dagegen, nun etwa ins Vaterländische umzufallen. Wir pfeifen auf die Fahnen – aber wir lieben dieses Land. Und so wie die nationalen Verbände über die Wege trommeln – mit dem gleichen Recht, mit genau demselben Recht nehmen wir, wir, die wir hier geboren sind, wir, die wir besser deutsch schreiben und sprechen als die Mehrzahl der nationalen Esel – mit genau demselben Recht nehmen wir Fluss und Wald in Beschlag, Strand und Haus, Lichtung und Wiese: es ist unser Land. Wir haben das Recht, Deutschland zu hassen – weil wir es lieben. Man hat uns zu berücksichtigen, wenn man von Deutschland spricht, uns: Kommunisten, junge Sozialisten, Pazifisten, Freiheitliebende aller Grade; man hat uns mitzudenken, wenn ›Deutschland‹ gedacht wird ... wie einfach, so zu tun, als bestehe Deutschland nur aus den nationalen Verbänden.

Deutschland ist ein gespaltenes Land. Ein Teil von ihm sind wir.

Und in allen Gegensätzen steht – unerschütterlich, ohne Fahne, ohne Leierkasten, ohne Sentimentalität und ohne gezücktes Schwert – die stille Liebe zu unserer Heimat.

Augen in der Großstadt

Theobald Tiger

Wenn du zur Arbeit gehst
am frühen Morgen,
wenn du am Bahnhof stehst
mit deinen Sorgen:
      da zeigt die Stadt
      dir asphaltglatt
   im Menschentrichter
   Millionen Gesichter:
Zwei fremde Augen, ein kurzer Blick,
die Braue, Pupillen, die Lider –
Was war das? vielleicht dein Lebensglück ...
vorbei, verweht, nie wieder.

Du gehst dein Leben lang
auf tausend Straßen;
du siehst auf deinem Gang,
die dich vergaßen.
      Ein Auge winkt,
      die Seele klingt;
   du hasts gefunden,
   nur für Sekunden ...
Zwei fremde Augen, ein kurzer Blick,
die Braue, Pupillen, die Lider;
Was war das? Kein Mensch dreht die Zeit zurück ...
vorbei, verweht, nie wieder.

Du musst auf deinem Gang
durch Städte wandern;
siehst einen Pulsschlag lang
den fremden Andern.
    Es kann ein Feind sein,
    es kann ein Freund sein,
    es kann im Kampfe dein
    Genosse sein.
  Es sieht hinüber
  und zieht vorüber ...
Zwei fremde Augen, ein kurzer Blick,
die Braue, Pupillen, die Lider.
Was war das?
    Von der großen Menschheit ein Stück!
Vorbei, verweht, nie wieder.

Schloss Gripsholm. Eine Sommergeschichte (Auszug)

Der letzte Urlaubstag ...

Ich bin schon für die Reise angezogen, zwischen mir und dem Mälarsee ist eine leise Fremdheit, wir sagen wieder Sie zueinander.

Die langen Stunden, in denen nichts geschah; nur der Wind fächelte über meinen Körper – die Sonne beschien mich ... Die langen Stunden, in denen der verschleierte Blick ins Wasser sah, die Blätter zischelten, und der See plitschte ans Ufer; leere Stunden, in denen sich Energie, Verstand, Kraft und Gesundheit aus dem Reservoir des Nichts, aus jenem geheimnisvollen Lager ergänzten, das eines Tages leer sein wird. »Ja«, wird dann der Lagermeister sagen, »nun haben wir gar nichts mehr ...« Und dann werde ich mich wohl hinlegen müssen.

Da steht Gripsholm. Warum bleiben wir eigentlich nicht immer hier? Man könnte sich zum Beispiel für lange Zeit hier einmieten, einen Vertrag mit der Schlossdame machen, das wäre bestimmt gar nicht so teuer, und dann für immer: blaue Luft, graue Luft, Sonne, Meeresatem, Fische und Grog – ewiger, ewiger Urlaub.

Nein, damit ist es nichts. Wenn man umzieht, ziehen die Sorgen nach. Ist man vier Wochen da, lacht man über alles – auch über die kleinen Unannehmlichkeiten. Sie gehen dich so schön nichts an. Ist man aber für immer da, dann muss man teilnehmen. »Schön habt ihr es hier«, sagte einst Karl der Fünfte zu einem Prior, dessen Kloster er besuchte. »Transeuntibus!« erwiderte der Prior. »Schön? Ja, für die Vorübergehenden.«

Letzter Tag. So erfrischend ist das Bad in allen den Wochen nicht gewesen. So lau hat der Wind nie geweht. So hell hat die Sonne nie geschienen. Nicht wie an diesem letzten Tag. Letzter Tag des Urlaubs – letzter Tag in der Sommerfrische! Letzter Schluck vom roten Wein, letzter Tag der Liebe! Noch einen Tag, noch einen Schluck, noch eine Stunde! Noch eine halbe ...! Wenn es am besten schmeckt, soll man aufhören.

»Heute ist heute«, sagte die Prinzessin – denn nun stand alles zur Abfahrt bereit: Koffer, Handtaschen, der Dackel, der kleine Gegenstand und wir. »Du siehst aus!« sagte Lydia, während wir gingen, um uns von der Schlossfrau zu verabschieden, »du hast dir je woll mitn Reibeisen rasiert! Keinen Momang kann man den Jung allein lassen!« Ich rieb verschämt mein Kinn, zog den Spiegel und steckte ihn schnell wieder weg.

Großes Palaver mit der Schlossfrau. »Tack ... danke ...« und: »Herzlichen Dank! ... Tack so mycket ...« und »Alles Gute!« – es war ein bewegtes und freundliches Hin und Her. Und dann nahmen wir Ada an die Hand, jeder griff nach einer Tasche, da stand der kleine Motorwagen ... Ab.

»Urlaub jok«, sagte ich. Jok ist türkisch und heißt: weg. »Du merkst auch alles«, sagte die Prinzessin und kämmte das Kind. »Lydia, ich hätte nie geglaubt, dass du so eine nette Kindermama abgeben kannst! Sieh mal an – was alles in dir steckt!« – »Ich bin Sie nämlich eine Zwiebel!«, sagte die Prinzessin und enthüllte damit, vielleicht ohne es zu wissen, das Wesen aller ihrer Geschlechtsgenossinnen.

Und dann fing das Kind langsam, ganz langsam und stockend, an zu erzählen – wir drängten es nicht, erst wollte es überhaupt nicht sprechen, dann aber sprach es sich frei, man merkte, es wollte erzählen, es wollte alles sagen, und es sagte alles: Den Krach mit Lisa Wedigen und das Blatt vom Kalender; die dauernden Strafen und die Glockenblumen unter dem Kopfkissen und sein Spitzname »Das Kind«; der kleine Will und Mutti und was der Teufelsbraten sich alles ausgedacht hatte, um die Mädchen zu tyrannisieren, und Hanne und Gertie und das Essen im Schrank und alles.

Es ging ein bisschen durcheinander, aber man verstand doch, worauf es ankam. Und ich nannte den kleinen Gegenstand nunmehr Ada Durcheinander, und die Prinzessin bemutterte und bevaterte das Kind zu gleicher Zeit, und ich schlug vor, sie solle dem Kind die Brust geben, und dann brach ein wilder Streit darüber aus, welche: die linke oder die rechte. Und so kamen wir nach Stockholm.

Und fuhren zurück nach Deutschland.

Berlin streckte die Riesenarme und langte über die See ...

»Wir müssen der Frau Kremser telegraphieren«, sagte die
Prinzessin, »sicher ist sicher. Junge, haben wir uns gut
erholt! Was möchtest du denn?« Das Kind hatte ein paarmal vor sich hingedruckst, hatte angesetzt und wieder
abgesetzt. »Na?« – Nein, aufs Töpfchen musste sie nicht.
Sie wollte etwas fragen. Und tat es.

»Sind Sie Landstreicher?« Wir sahen uns entgeistert
an. »Die Frau Adriani hat gesagt ...« Es stellte sich heraus,
dass die Frau Adriani uns dem Kind als passionierte, ja
als professionelle Landstreicher hingestellt hatte – »diese
Landstreicher da draußen, die nicht mal verheiratet sind!« –,
und das Kind, das jetzt völlig aufgetaut war, wollte nun alles wissen: ob wir Landstreicher wären, und was wir denn
da anstrichen ... und ob wir schon mal verheiratet gewesen wären und warum nun nicht mehr, und dann musste
es aufs Töpfchen, und dann brachten wir es zu Bett. Ich
ertappte mich dabei, ein wenig eifersüchtig auf das Kind
gewesen zu sein.

Wer war hier Kind? Ich war hier Kind. Nun aber schlief
es, und Lydia gehörte mir wieder allein.

»Bist du verheiratet?« fragte die Prinzessin. »Na, das
hat noch gefehlt!« – »Alte«, sagte ich. »Nein, wir Landstreicher, wir sind ja nicht verheiratet. Und wenn wir
es wären... Fünf Wochen, das ginge gut, wie? Ohne ein
Wölkchen. Kein Krach, keine Proppleme, keine Geschichten. Fünf Wochen sind nicht fünf Jahre. Wo sind unsre
Kümmernisse?« – »Wir haben sie in der Gepäckaufbewahrungsstelle abgegeben ... das kann man machen«, sagte

die Prinzessin. »Für fünf Wochen«, sagte ich. »Für fünf Wochen geht manches gut, da geht alles gut.« Ja ... vertraut, aber nicht gelangweilt; neu und doch nicht zu neu – frisch und doch nicht ungewohnt: Scheinbar unverändert lief das Leben dahin ... Die Hitze der ersten Tage war vorbei, und die Lauheit der langen Jahre war noch nicht da. Haben wir Angst vor dem Gefühl? Manchmal, vor seiner Form. Kurzes Glück kann jeder. Und kurzes Glück: Es ist wohl kein andres denkbar hienieden.

Wir rollten in Trelleborg ein. Es war spät abends; die weißen Bogenlampen schaukelten im Winde, und wir sahen zu, wie der Wagen auf die Fähre geschoben wurde. Das Kind schlief schon.

Ein großer Passagierdampfer rauschte durch das Wasser in den Hafen. Alle Lichter funkelten: vorn die Schiffslaternen, oben an den Masten kleine Pünktchen, alle Kammern, alle Kajüten waren hellerleuchtet. Er fuhr dahin. Musik wehte herüber.

    Whatever you do –
    my heart will still belong to you –

Eine Welle Sehnsucht schlug in unsre Herzen. Fremdes erleuchtetes Glück – da fuhr es hin. Und wir wussten: säßen wir auf jenem Dampfer und sähen den erleuchteten Zug auf der Fähre, wir dächten wiederum – da fährt es hin, das Glück. Bunt und glitzernd fuhr das große Schiff an uns vorüber, mit den Lichtpünktchen an seinen Masten. Die schwitzenden Stewards sahen wir nicht, nicht die

Reeder in ihren Büros, nicht den zänkischen Kapitän und den magenkranken Zahlmeister ... natürlich wussten wir, das es so etwas gibt – aber wir wollten es jetzt, in diesem einen Augenblick, nicht wissen.

     Whatever you do –

    my heart will still belong to you –

Unsre Herzen fuhren ein Stückchen mit.

Dann stand unser Wagen auf der Fähre. Das Schiff erzitterte leise. Die Lichter an der Küste wurden immer kleiner und kleiner, dann versanken sie in der blauen Nachtluft.

Wir standen an Deck. Die Prinzessin sog den salzigen Atem des Meeres ein. »Daddy – ich bedanke mich auch schön für diesen Sommer!« – »Nein, Alte – ich bedanke mich bei dir!« Sie sah über die dunkle See. »Das Meer ...«, sagte sie leise, »das Meer ...« Hinter uns lag Schweden, Schweden und ein Sommer.

Später saßen wir im Speisesaal in einer Ecke und aßen und tranken. »Auf den Urlaub, Alte!« – »Auf was noch?«

»Auf Karlchen!« – »Hoch!«

»Auf Billie!« – »Hoch!«

»Auf die Adriani!« – »Nieder!«

»Auf deinen Generalkonsul!« – »Mittelhoch!«

»Das sind alles keine Trinksprüche, Daddy. Weißt du keinen andern? Du weißt einen andern. Na?«

Ich wusste, was sie meinte.

»Martje Flor«, sagte ich. »Martje Flor!«

Das war jene friesische Bauerntochter gewesen, die im Dreißigjährigen Kriege von den Landsknechten an den Tisch gezerrt wurde; sie hatten alles ausgeräubert, den Weinkeller und die Räucherkammer, die Obstbretter und den Wäscheschrank, und der Bauer stand daneben und rang die Hände. Roh hatten sie das Mädchen herbeigeholt – he! da stand sie, trotzig und gar nicht verängstigt. Sie sollte einen Trinkspruch ausbringen! Und warfen dem Bauern eine Flasche an den Kopf und drückten ihr ein volles Glas in die Hand.

Da hob Martje Flor Stimme und Glas, und es wurde ganz still in dem kleinen Zimmer, als sie ihre Worte sagte, und alle Niederdeutschen kennen sie.

»Up dat et uns wohl goh up unsre ohlen Dage –!«, sagte sie.

Up dat et uns wohl goh
 up unsere ahlen Dage ...!

Rosen auf den Weg gestreut   Theobald Tiger

Ihr müsst sie lieb und nett behandeln,
erschreckt sie nicht – sie sind so zart!
   Ihr müsst mit Palmen sie umwandeln,
   getreulich ihrer Eigenart!
      Pfeift euerm Hunde, wenn er kläfft –:
      Küsst die Faschisten, wo ihr sie trefft!

Wenn sie in ihren Sälen hetzen,
sagt: »Ja und Amen – aber gern!
Hier habt ihr mich – schlagt mich in Fetzen!«
Und prügeln sie, so lobt den Herrn.
      Denn Prügeln ist doch ihr Geschäft!
      Küsst die Faschisten, wo ihr sie trefft.

Und schießen sie –: du lieber Himmel,
schätzt ihr das Leben so hoch ein?
Das ist ein Pazifisten-Fimmel!
Wer möchte nicht gern Opfer sein?
      Nennt sie: die süßen Schnuckerchen,
      gebt ihnen Bonbons und Zuckerchen ...
Und verspürt ihr auch
in euerm Bauch
      den Hitler-Dolch, tief, bis zum Heft –:
      Küsst die Faschisten, küsst die Faschisten,
      küsst die Faschisten, wo ihr sie trefft –!

Der Mensch

Kaspar Hauser

Der Mensch hat zwei Beine und zwei Überzeugungen: eine, wenns ihm gut geht, und eine, wenns ihm schlecht geht. Die letztere heißt Religion.

Der Mensch ist ein Wirbeltier und hat eine unsterbliche Seele, sowie auch ein Vaterland, damit er nicht zu übermütig wird.

Der Mensch wird auf natürlichem Wege hergestellt, doch empfindet er dies als unnatürlich und spricht nicht gern davon. Er wird gemacht, hingegen nicht gefragt, ob er auch gemacht werden wolle.

Der Mensch ist ein nützliches Lebewesen, weil er dazu dient, durch den Soldatentod Petroleumaktien in die Höhe zu treiben, durch den Bergmannstod den Profit der Grubenherren zu erhöhen, sowie auch Kultur, Kunst und Wissenschaft.

Der Mensch hat neben dem Trieb der Fortpflanzung und dem, zu essen und zu trinken, zwei Leidenschaften: Krach zu machen und nicht zuzuhören. Man könnte den Menschen gradezu als ein Wesen definieren, das nie zuhört. Wenn er weise ist, tut er damit recht: denn Gescheites bekommt er nur selten zu hören. Sehr gern hören Menschen: Versprechungen, Schmeicheleien, Anerkennungen und Komplimente. Bei Schmeicheleien empfiehlt es sich, immer drei Nummern gröber zu verfahren als man es grade noch für möglich hält.

Der Mensch gönnt seiner Gattung nichts, daher hat er die Gesetze erfunden. Er darf nicht, also sollen die andern auch nicht.

Um sich auf einen Menschen zu verlassen, tut man gut, sich auf ihn zu setzen; man ist dann wenigstens für diese Zeit sicher, dass er nicht davonläuft. Manche verlassen sich auch auf den Charakter.

Der Mensch zerfällt in zwei Teile:

In einen männlichen, der nicht denken will, und in einen weiblichen, der nicht denken kann. Beide haben sogenannte Gefühle: Man ruft diese am sichersten dadurch hervor, dass man gewisse Nervenpunkte des Organismus in Funktion setzt. In diesen Fällen sondern manche Menschen Lyrik ab.

Der Mensch ist ein pflanzen- und fleischfressendes Wesen; auf Nordpolfahrten frisst er hier und da auch Exemplare seiner eigenen Gattung; doch wird das durch den Faschismus wieder ausgeglichen.

Der Mensch ist ein politisches Geschöpf, das am liebsten zu Klumpen geballt sein Leben verbringt. Jeder Klumpen hasst die andern Klumpen, weil sie die andern sind, und hasst die eignen, weil sie die eignen sind. Den letzteren Hass nennt man Patriotismus.

Jeder Mensch hat eine Leber, eine Milz, eine Lunge und eine Fahne; sämtliche vier Organe sind lebenswichtig. Es soll Menschen ohne Leber, ohne Milz und mit halber Lunge geben; Menschen ohne Fahne gibt es nicht.

Schwache Fortpflanzungstätigkeit facht der Mensch gern an, und dazu hat er mancherlei Mittel: den Stierkampf, das Verbrechen, den Sport und die Gerichtspflege.

Menschen miteinander gibt es nicht. Es gibt nur Menschen, die herrschen, und solche, die beherrscht werden. Doch hat noch niemand sich selber beherrscht; weil der opponierende Sklave immer mächtiger ist als der regierungssüchtige Herr. Jeder Mensch ist sich selber unterlegen.

Wenn der Mensch fühlt, dass er nicht mehr hinten hoch kann, wird er fromm und weise; er verzichtet dann auf die sauern Trauben der Welt. Dieses nennt man innere Einkehr. Die verschiedenen Altersstufen des Menschen halten einander für verschiedne Rassen: Alte haben gewöhnlich vergessen, dass sie jung gewesen sind, oder sie vergessen, dass sie alt sind, und Junge begreifen nie, dass sie alt werden können.

Der Mensch möchte nicht gern sterben, weil er nicht weiß, was dann kommt. Bildet er sich ein, es zu wissen, dann möchte er es auch nicht gern; weil er das Alte noch ein wenig mitmachen will. Ein wenig heißt hier: ewig.

Im übrigen ist der Mensch ein Lebewesen, das klopft, schlechte Musik macht und seinen Hund bellen lässt. Manchmal gibt er auch Ruhe, aber dann ist er tot.

Neben den Menschen gibt es noch Sachsen und Amerikaner, aber die haben wir noch nicht gehabt und bekommen Zoologie erst in der nächsten Klasse.

Das Persönliche

Theobald Tiger

Schreib, schreib ...
Schreib von der Unsterblichkeit der Seele,
vom Liebesleben der Nordsee-Makrele;
schreib von der neuen Hauszinssteuer,
vom letzten großen Schadenfeuer;
gib dir Mühe, arbeite alles gut aus,
schreib von dem alten Fuggerhaus;
von der Differenz zwischen Mann und Weib ...
Schreib ... schreib ...

Schreib sachlich und schreib dir die Finger krumm:
kein Aas kümmert sich darum.

Aber:
schreibst du einmal zwanzig Zeilen
mit Klatsch – die brauchst du gar nicht zu feilen.
Nenn nur zwei Namen, und es kommen in Haufen
Leser und Leserinnen gelaufen.
»Wie ist das mit Fräulein Meier gewesen?«
Das haben dann alle Leute gelesen.
»Hat Herr Streuselkuchen mit Emma geschlafen?«
Das lesen Portiers, und das lesen Grafen.
»Woher bezieht Stadtrat Mulps seine Gelder?«
Das schreib – und dein Ruhm hallt durch Felder und Wälder.

Die Sache? Interessiert in Paris und in Bentschen
keinen Menschen.
Dieweil, lieber Freund, zu jeder Frist
die Hauptsache das Persönliche ist.

Der bewachte Kriegsschauplatz

Ignaz Wrobel

Im nächsten letzten Krieg wird das ja anders sein ... Aber der vorige Kriegsschauplatz war polizeilich abgesperrt, das vergisst man so häufig. Nämlich:

Hinter dem Gewirr der Ackergräben, in denen die Arbeiter und Angestellten sich abschossen, während ihre Chefs daran gut verdienten, stand und ritt ununterbrochen, auf allen Kriegsschauplätzen, eine Kette von Feldgendarmen. Sehr beliebt sind die Herren nicht gewesen; vorn waren sie nicht zu sehen, und hinten taten sie sich dicke. Der Soldat mochte sie nicht; sie erinnerten ihn an jenen bürgerlichen Drill, den er in falscher Hoffnung gegen den militärischen eingetauscht hatte.

Die Feldgendarmen sperrten den Kriegsschauplatz nicht nur von hinten nach vorn ab, das wäre ja noch verständlich gewesen; sie passten keineswegs nur auf, dass niemand von den Zivilisten in einen Tod lief, der nicht für sie bestimmt war. Der Kriegsschauplatz war auch von vorn nach hinten abgesperrt.

»Von welchem Truppenteil sind Sie?« fragte der Gendarm, wenn er auf einen einzelnen Soldaten stieß, der versprengt war. »Sie«, sagte er. Sonst war der Soldat ›du‹ und in der Menge ›ihr‹ – hier aber verwandelte er sich plötzlich in ein steuerzahlendes Subjekt, das der bürgerlichen Obrigkeit untertan war. Der Feldgendarm wachte darüber, dass vorn richtig gestorben wurde.

Für viele war das gar nicht nötig. Die Hammel trappelten mit der Herde mit, meist wussten sie gar keine Wege und Möglichkeiten, um nach hinten zu kommen, und was hätten sie da auch tun sollen! Sie wären ja doch geklappt worden, und dann: Untersuchungshaft, Kriegsgericht, Zuchthaus, oder, das schlimmste von allem: Strafkompanie. In diesen deutschen Strafkompanien sind Grausamkeiten vorgekommen, deren Schilderung, spielten sie in der französischen Fremdenlegion, gut und gern einen ganzen Verlag ernähren könnte. Manche Nationen jagten ihre Zwangsabonnenten auch mit den Maschinengewehren in die Maschinengewehre.

So kämpften sie.

Da gab es vier Jahre lang ganze Quadratmeilen Landes, auf denen war der Mord obligatorisch, während er eine halbe Stunde davon entfernt ebenso streng verboten war. Sagte ich: Mord? Natürlich Mord. Soldaten sind Mörder.

Es ist ungemein bezeichnend, dass sich neulich ein sicherlich anständig empfindender protestantischer Geistlicher gegen den Vorwurf gewehrt hat, die Soldaten Mörder genannt zu haben, denn in seinen Kreisen gilt das als Vorwurf. Und die Hetze gegen den Professor Gumbel fußt darauf, dass er einmal die Abdeckerei des Krieges »das Feld der Unehre« genannt hat. Ich weiß nicht, ob die randalierenden Studenten in Heidelberg lesen können. Wenn ja: Vielleicht bemühen sie sich einmal in eine ihrer Bibliotheken und schlagen dort jene Exhortatio Benedikts XV. nach, der den Krieg »ein entehrendes Gemetzel« genannt hat und das mitten im Kriege! Die Exhortatio ist in dieser Nummer nachzulesen.

Die Gendarmen aller Länder hätten und haben Deserteure niedergeschossen. Sie morden also, weil einer sich weigerte, weiterhin zu morden. Und sperrten den Kriegsschauplatz ab, denn Ordnung muss sein, Ruhe, Ordnung und die Zivilisation der christlichen Staaten.

Nicht! Noch nicht!

Theobald Tiger

Ein leichter Suff umnebelt die Gedanken.
Verdammt! Der Frühling kommt zu früh.
Der Parapluie
steht tief im Schrank – die Zeitbegriffe schwanken.

Was wehen jetzt die warmen Frühlingslüfte?
Ein lauer Wind umsäuselt still
mich im April –
die Nase schnuppert ungewohnte Düfte.

Du lieber Gott, da ist doch nichts dahinter!
Und wie ein dicker Bär sich murrend schleckt,
zu früh geweckt,
so zieh ich mich zurück und träume Winter.

Ich bin zu schwach. Ich will am Ofen hocken –
die Animalität ist noch nicht wach.
Ich bin zu schwach.
Laternenschimmer will ich, trübe Dämmerung und
                                          dichte Flocken.

Requiem

Ignaz Wrobel

Am 24. Mai ist er sanft entschlafen, und am 27. Mai haben wir ihn begraben. Es war eine erhebende Feier.

Es war so überraschend schnell gegangen. Am Mittwoch hatte er noch Spengler gelesen und andern Unfug getrieben, als um drei Viertel sieben Uhr abends zwei Freikarten für eine neue Operette einliefen. War es nun die Gelehrsamkeit des 18prozentigen Industrie-Philosophen oder der Schreck – kurz: Wrobel bekam Atembeschwerden, und, seiner Sinne nicht mehr mächtig, ließ er den Halsspezialisten Dr. Puppe rufen. Bevor der noch in der Eile den letzten Teuerungsindex errechnen konnte, glitt der Patient dahin, und alles war aus. Der schwer erschütterte Mediziner saß im Vorzimmer des Toten – es war die erste Nasenscheidewand in seinem Leben, die unoperiert davongekommen war –, und als ihm nun eröffnet wurde, dass er als Vermächtnis alle Jahrgänge der *Weltbühne* geerbt hatte, da weinte der große und starke Mann bitterlich.

Wir andern aber formierten den Trauerzug und setzten uns langsam in Bewegung. Vorn rollte der Dichter selbst – zum Glück war der Sarg geschlossen, denn der Anblick des im Wagen fahrenden Wrobel hatte stets den Neid und den Abscheu aller Vorübergehenden erregt. Immer hatte er in den großstädtischen Automobilen nach der Melodie gesessen: »Wie gut, dass ihr lauft!« Das konnte er dieses Mal nicht sagen. Schwer zogen die Pferde an der ungewohnten Last. Bekanntlich hatte Wrobel falsch ausgesehen – die tiefe Tragik seines Lebens bestand darin, dass jeder, der ihn kennenlernte, beleidigt fragte: »Sie sind Herr Wrobel? Sie habe ich mir ganz anders vorgestellt!« Und auf die bescheidene Frage, wie man sich ihn denn vorgestellt habe, erfolgte jedesmal die Antwort: »Nun – hager, blau rasiert und mit einer Intellektual-Brille versehen!« Und dann hatte Wrobel jedesmal zu bedauern – aber es half ihm nicht: Er sah falsch aus. Das also fuhr im vordersten Wagen.

Dahinter folgte eine unübersehbare Reihe von drei Droschken. In der ersten saß die republikanische Partei Deutschlands; ein Mitglied hatte auf dem Bock Platz genommen, weil es eine Sondergruppe bildete und sich mit den andern nicht vertrug. Im zweiten Wagen saßen die Geliebten des Dichters – von jeder Haarfarbe eine zur Auswahl. Die Damen hatten sich sofort miteinander verständigt, denn sie waren sich über die zahllosen Lächerlichkeiten des lieben Verstorbenen vollkommen einig: Er schnarchte, machte Plüschaugen, bevor er mit den Mädchen geschlafen hatte, und war im ganzen von einem stinkenden Geiz. Alle in diesem Wagen hatten ihn wirklich geliebt, ehe sie ihn persönlich kannten; auch gaben sie ihn für eine freundliche Erinnerung aus: An die Zeit der Kopulation selbst mochte keine gern zurückdenken. Die dritte Droschke war leer – der Kutscher fuhr aus Langerweile mit, und weil er hoffte, auf dem Friedhof eine gute Fuhre zu bekommen.

Der Friedhof war stippevoll. Als der Wagenzug räderknirschend das schmiedeeiserne Tor erreicht hatte, senkten sich alle Zylinderhüte. Der Sarg wurde durch das Spalier getragen. Hinter Trauerbosketts aus frischem Suppengrün setzte sich ein unsichtbarer Chor in musikalische Bewegung – der Direktor Rudolf Nelson dirigierte ihn, leicht verärgert, dass man ihn so aus seiner Ruhe gestört hatte, würdevoll und eingedenk der hohen Vorschüsse, die da zu Grabe getragen wurden. Er konstatierte mit Befriedigung, dass auch hier alles ausverkauft war, nickte mit dem kleinen dicken Kopf aus dem tadellosen schwarzen Überzieher, sah zu Käthchen Erlholz, seiner Frau, hinüber, die dastand und sich furchtbar mopste – und der Chor begann:

»Mir ist heut so nach Tamerlan!«

Das war eines jener zahllosen Chansons des Verstorbenen, angefertigt für die Kreise, die er so zu verachten vorgab; Mit der einen Hand kritisierte er sie, mit der andern zapfte er ihnen den Sekt ab. Er war eben eine problematische Natur ...

Die Leute schritten langsam zur Trauerhalle.

Unter den Erschienenen bemerkten sich u. a.:

Herr Pallenberg; Frau Massary; der gefeierte Emil Jannings, der, wie alle vernünftigen Leute, gegen Begräbnisse eine schwere Antipathie hatte, aber gefasst war, aussah wie ein trauernder ägyptischer Koloss und dachte: »Mensch, wenn ich bloß erst wieder zu Hause wäre –!«; zwei Zeitungsherausgeber, die dem Verstorbenen für alle seine Arbeiten zusammen so viel Honorar gezahlt hatten, wie ihre Autofahrt nach dem Friedhof kostete; kleine Damen, die sich in Rheinsberg hatten verführen lassen und dem Toten dafür dankbar waren, obgleich der gar nichts davon gehabt hatte; mit einer Hand in der Hosentasche: Georg Bernhard; Claire Waldoff; Paul Graetz, der sein wirklich ernstes Gesicht aufgesetzt hatte (»Denn er war meiner!«) – und der in guter Haltung daherschritt, weil er der einzige berliner Komiker war, weit und breit; eine Abordnung von Nazis, die der Tote so geschätzt hatte ... Und Gussy Holl stand da, entzückend ließ sich ihr helles Blond zu dem feinen Schwarz ihres neuen Tuchkleides –: »Doktor, rat mal, was das Kleid gekostet hat?« Aber der Doktor konnte es ihr nicht mehr sagen – zum erstenmal in seinem Leben war er pathetisch geworden und lag in seinem Sarg und schwieg. Und alle Lebenden haben Unrecht vor einem Toten.

Die Republik hatte einen amtlichen Vertreter geschickt. Das heißt: Eigentlich hatte der bei Wrobels Begräbnis gar nichts zu suchen, sondern er war ausgesandt worden, um namens der Reichsstelle für die Förderung deutscher Gebrauchskatzen zu dem Tode des Oberförsters Karnowsky sein amtliches Beileid auszusprechen. Der hohe Beamte

aber hatte sich im Feld geirrt und ging hier nun ahnungslos mit. Er wurde späterhin wegen Teilnahme an einem öffentlichen Unfug pensioniert. Denn die deutsche Republik gibt dem Kaiser, was des Kaisers ist.

Nun war die Menge in die Trauerhalle gelangt. Der Zug stockte, hielt. Ein schwarz begehrockter Herr trat vor und hielt ein weißes Blatt in der Hand. Alle Köpfe entblößten sich. Alfred Holzbock stand mit völlig kahler Platte da; seine Haare waren im Zylinder verblieben. Und der Redner sprach:

»Geehrte Trauerversammlung! Wir stehen am Grabe von Kaspar Theobald Peter Kurt Ignaz Wrobel. Ein schwerer Schlag hat ihn und uns getroffen. Der Entschlafene wurde geboren am 9. Januar 1890 in Podejuch bei Stettin und besuchte dortselbst bis zu seiner endgültigen Pubertät die Fürsorgeanstalt für geistig zurückgebliebene, aber uneheliche Kinder; im Jahre 1908 wurde er in die Schule für eheliche Kinder versetzt. Nachdem ihm zugleich mit General Mackensen das Doktorat einer deutschen Universität für den Wiederbeschaffungspreis von 350 Mark verliehen worden war, trug er einen vom damaligen Kaiser entliehenen Rock und bekleidete denselben vom Jahre 1915 bis 1918. Nach siegreicher Durchdringung Rumäniens trat der Verblichene in eine berliner Zeitungsredaktion ein, woselbst er durch rasche Verjagung der zahlungsfähigen Inserenten und Abonnenten bald eine beliebte Persönlichkeit wurde. Als nur noch der Chefredakteur und er das von ihm redigierte Blatt lasen, wurde er Stellungsloser und bezog von der Stadt Berlin eine Rente.

Geehrte Trauerversammlung! Der Verstorbene ist ein glücklicher Mensch gewesen. Das Leben in diesem sonnigen Lande war ihm stets eine Freude, und zauberte dasselbe ewiges Lächeln auf seine reichlichen Züge. Er hat die Stille geliebt und die Unabhängigkeit: Wollte er Unabhängigkeit, so ging er spaßeshalber zur USPD, und wollte er Stille, so ging er zur Deutschen Demokratischen Partei.

Er hat ein schönes Dasein gehabt. Er hat alle Frauen bekommen, die er begehrt hat – und er hat aus Vorsicht nur die begehrt, die er bekommen konnte. Stets in der Lage, seine Neurasthenie für weisen Verzicht auszugeben, war er immer bereit, um eine Arbeit zu ersparen, mehr Arbeit aufzuwenden, als die Arbeit selbst gekostet hätte. Er war Misaut von reinstem Wasser.« (Hier murrte die Zuhörerschaft und verbat sich antisemitische Äußerungen. Aber der Redner fuhr fort.)

»Er interessierte sich für die verschlungenen Fäden der deutschen Justiz – diese Knoten von deutschen Richtern aufgelöst zu sehen, war ihm immer eine schöne Freude. Wie liebte er das muntere Völkchen der freien Künstler, diese unordentlichen Bürger! Wie liebte er die Geschäftsleute, die sich den Künstler heranholten und tief beleidigt waren, wenn er etwa seine Individualität nun auch bei ihnen adhibierte!

Stets ist es ihm gelungen, in der *Weltbühne* durch die Grazie seines Stils über die Hohlheit seines Kopfes hinwegzutäuschen! Er hat durchgehalten. Er glaubte an keinen Zusammenbruch. Er sah, dass die Pazifisten zumeist beleidigter Landsturm ohne Waffe waren – und er sah, wie der altdeutsch angestrichene Apparat nur funktionierte, wenn er sich mausig machen konnte.

Und weil die meisten Erfolge auf Missverständnissen beruhen, so darf gesagt werden: Er hat viel Erfolg gehabt. Und aus diesem Paradeis musste er hinfort, aus diesem schönen Lande scheiden! Wie wird er es ohne Deutschland da drüben aushalten? Ohne diese Nation von Biertrinkern, Diensttuenden, Diensthabenden und Dienstmännern?

Unser Leben währet, wenn es hochkommt, siebenzig Jahre – und was das angeht, so ist ihm immer nach achtzig zumute gewesen. Wir, die wir nacheinander und unbeirrbar an Kaiser und Vaterland, an Sozialistengesetz und Lex Heinze, an Kriegsanleihe und Ruhrabwehrkampf geglaubt haben – siehe, wir stehen da und grüßen dich! Ich spreche für alle und rufe ich dir ins Grab nach, Ignaz Wrobel:

Glückliche Reise –!«

Der Redner schwieg. Leise spielte der Wind mit den abgeschabten Rockschößen der Pressevertreter, die da auf dem Rasen standen: rechts die besseren Herren, links einige Kommunisten, die am liebsten links von sich selbst gestanden hätten – und auf dem goldenen Mittelweg, wohin er gehörte: Friedrich Stampfer.

Sie hoben den Sarg und trugen ihn hinaus. »Von Erde bist du«, sprach einer und warf die drei Handvoll nach unten. Die Schollen verhielten sich vorschriftsmäßig: Sie polterten dumpf.

Über und über mit Kränzen bedeckt war der Boden. Atlasschleifen lugten aus dem Grün hervor; Journalisten notierten sich die Inschriften:

»Seinem Ehrenmitglied der Verband Berliner Absteigevermieterinnen.« – »Dies war mein lieber Sohn, an welchem ich Wohlgefallen habe. Jes. Sir. 42, 1. Gustav Noske.« – »1000 Tränen! abzüglich 20 % Freiexemplare gleich 650 Tränen vergießt der Drei-Masken-Verlag.« So lagen da viele schöne Kränze.

Das Trauergefolge zerstreute sich. Die Nazis gingen in ihren Klub, wo sie beim Spielverbot neuen Operetten- und Filmstoff aus dem Begräbnis schöpften; Georg Bernhard organisierte in einer Ecke eine Tarifvereinigung der Totengräber; die jungen Mädchen hielten die von Mama gemopsten Spitzentaschentücher vor die Augen und fuhren dahin, sich wiederum verführen zu lassen; und Pallenberg, Massary, Jannings und Holl – nicht ungefilmt gingen sie davon.

Noch einmal trat Claire Waldoff an die Grube, sah hinunter und sagte mit heiserer Kehle: »Komm ruff!« und trat ab, um aufzutreten.

Der Friedhof war leer. Der freundliche Schein der Sonne fiel auf den granitenen Grabstein, mit dem sich der gute Ignaz Wrobel rechtzeitig eingedeckt hatte. In silbernen Buchstaben stand da zu lesen:

   HIER RUHT EIN GOLDENES HERZ
   UND EINE EISERNE SCHNAUZE
     GUTE NACHT –!

Mit herzlichem Dank für die Mitarbeit an
Julia Berlin und Milena Schilasky

Besuchen Sie uns im Internet:
www.goyaverlag.de

Aus Verantwortung für die Umwelt hat sich der Verlag GOYA dazu entschieden, keine Plastikfolie zum Einschweißen der Bücher zu verwenden.

In der hier vorliegenden Ausgabe werden die Texte in ihrem ursprünglichen Wortlaut wiedergegeben. Es sind lediglich vereinzelt leichte Anpassungen an die aktuelle Rechtschreibung und Interpunktion vorgenommen worden.

Originalausgabe 2025
GOYA Verlag © 2025 JUMBO Neue Medien & Verlag GmbH, Hamburg
Henriettenstraße 42a, 20259 Hamburg
www.jumboverlag.de
Alle Rechte vorbehalten
produktsicherheit@jumbo-medien.de
Herausgegeben von Ulrich Maske
Umschlaggestaltung & Illustrationen: Stefanie Harjes
Satz: Marcelo Marques
Gesetzt aus der Quadraat
Druck und Bindearbeiten: Livonia Print, Riga, Lettland
Printed in Latvia
ISBN 978-3-8337-4900-1